나보다 더 오래 내게 다가온 사람

이 세상에서 가장 장엄한 광경은

불리한 여건과 싸우고 있는 사람의 모습이다

- 레이

나보다 더 오래
내게 다가온 사람

간드레 시 01

이윤학 시집

시인의 말

부리와 발톱들을 쭉 뻗은 자세로
최후를 맞이한 새를 보았다 새는 멈춤 자세로
최대의 길이를 보여준 것이 아니었다
나름 최선을 다했으나 결국엔 나머지
체중을 비우지 못해 바닥에 의지한 자세로
더 이상 어찌할 수 없어 눈을 감고 말았다
최대한 부리와 발톱들을 떼어놓으려는
의지의 마침표였다 그것은 새가 자신과
끝까지 타협하지 않은 정신의 길이었다

차례

시인의 말

1부

별들의 시간　　　　　　　　11
보풀들　　　　　　　　　　12
부레옥잠, 꽃피다　　　　　　14
도라지꽃밭　　　　　　　　15
저물녘　　　　　　　　　　16
아궁이　　　　　　　　　　18
폐등대　　　　　　　　　　20
수레국화　　　　　　　　　22
디스크　　　　　　　　　　24
저녁뜸　　　　　　　　　　25
대파 술잔　　　　　　　　　26
눈보라　　　　　　　　　　28
돌 의자　　　　　　　　　　29
덧니　　　　　　　　　　　30
우리들이 잠든 자크 속　　　　32
소파베드와 함께 밤을　　　　34
파라핀 오일램프　　　　　　36

2부

월량대표아적심(月亮代表我的心)　　41

우리는 봄 상추밭으로 걸었지　　　　　　42
옛날 북문시장에 갔다　　　　　　　　　44
나리와 백합　　　　　　　　　　　　　46
때꼴　　　　　　　　　　　　　　　　　47
고야　　　　　　　　　　　　　　　　　48
마사토　　　　　　　　　　　　　　　　50
층층나무 단풍들다　　　　　　　　　　52
천변　　　　　　　　　　　　　　　　　54
불광동　　　　　　　　　　　　　　　　56
진눈깨비　　　　　　　　　　　　　　　58
뜬눈으로 나를 기다리는 쪽창에 대하여　60
억새가 피어　　　　　　　　　　　　　62
쭈그려 앉은 그림자　　　　　　　　　　63
쭈그려 앉은 그림자 2　　　　　　　　　64
개나리　　　　　　　　　　　　　　　　66

3부

벼꽃이 피어　　　　　　　　　　　　　69
율피　　　　　　　　　　　　　　　　　70
소나무재선충(材線蟲) 감염지역　　　　72
폐사지(廢寺址)　　　　　　　　　　　　74
우산이끼　　　　　　　　　　　　　　　75
밤의 밀레　　　　　　　　　　　　　　76
백합(百合)과 백합(白蛤)의 해변　　　　78
영산홍　　　　　　　　　　　　　　　　80
도전(盜電)　　　　　　　　　　　　　　82
말코지집　　　　　　　　　　　　　　　84
캠핑　　　　　　　　　　　　　　　　　86

강변의 별장 88
힘줄이 드러난 전기장판 90
맹매기집 91
흙탕물 웅덩이 92
노적가리 93
들국화 94

4부

꽃샘추위 97
제라늄 98
마루기둥 100
송덕리(松德里) 102
메꽃들의 낮 104
첫말 막힘 106
휘파람 108
목공방집 109
첨밀밀(甛蜜蜜) 110
링 112
도꼬마리 114
가로림만(加露林灣) 116
안경을 쓰자 세 개로 흩어진 118
반달이 뭉쳤다
골목 끝 창 120
시한부 122

에필로그 | 간드레 123
해설 | 오래된 시간 의식과 구원의 언어 127
    _ 홍용희

1부

별들의 시간

지척에서 보았던 그 사람 얼굴을 잊고 살았다
고개를 들고 바라본 그 사람 눈동자
고운 입김으로 그 이름 부르기 위해
겨울 산 정상에서 호흡을 가다듬었다
새벽하늘은 망설임의 통로를 헤매다
발견한 그 사람의 확대된 눈동자였다
그 사람 이름 속으로 불러보면
소멸한 은하가 다시 태어나
뜨거운 피가 돌고 설렘이 시작되었다
지금은 눈물이 번지지 않는 혹한의 시간
글썽이며 흩어진 별들의 파편을
그 사람 눈동자로 돌려주기 적당한 시기
수평의 별들이 수직의 별들로 바뀐 시간을
거슬러 그 사람에게 돌아가기 적당한 시기
이 세상에서 살기 불가능한 별들을
그 사람을 닮은 새벽별들을
그 사람의 눈동자에 파종한 적이 있었다

보풀들

대학로 대로변 층고 높은 카페 창쪽
긴 자작나무 합판 의자에 앉은 당신
전공서적에 밑줄 긋고 형광펜 칠하였다
당신이 입은 사선왕골반목 스웨터의 보풀들
알전구 불빛들 눈을 뜨고 창밖 단풍나무 품
주위로 빠져나와 눈송이와 만나고 있었다
줄이 길게 내려온 전등이 무늬목 나이테를
탁자에 쏟아부어 주름을 지웠다
가끔 커피 잔을 감싸 잡는 당신의 손등
파란 실핏줄보다 추운 침묵을 누군가는
온전히 감당하고 있었다 온풍기 바람이
당신의 핑크빛 보풀을 쓰다듬기 위해
오래 머물렀고 버스정류장 눈송이는
사람들이 남긴 발자국마다 북극곰의
축소지향형 발바닥을 덧씌웠다 한자리에
오래 머물면 당신 발자국에서는 발냄새가
날 것 같다고 웃던 당신 얼굴과 목소리 웃음이
전부 전구색으로 변한 카페를 바라보았다

어느새 내게만 예쁜 사람이 되어 돌아온 당신
나는 당신의 유일한 보풀이 되기로 하였다
당신의 사선왕골반목 스웨터 나머지 보풀들
내 살갗으로 옮겨와 이식하고 있었다

부레옥잠, 꽃피다

 호두를 펜치에 물려 어금니로 깰 때마다
 뒤꼍의 칠면조 목울대가 새로운 호두를 올린다
 옆에서 놀란 닭들이 고운 계분 가루를 날린다
 가벼운 털들이 철망을 나와 호박넝쿨이 덮어간 밭둑으로
 올봄에도 순을 따먹은 참두릅 무성한 야산으로 날아간다

 재작년 봄에 베어버린 경계의 호두나무들
 거무죽죽한 나이테 바깥에 새 가지들이
 나와 여린 잎들을 달고 키를 키운다

 대문 밖 구형 카니발 물청소를 끝낸 남자가
 호스를 사린다 승합차를 타고 예배 보러 가는
 동네 교인들에게 인사한 남자가 돌아선다

 마루에 엎드려 팔씨름을 하자 보채는
 노모의 손을 쥔 남자가 손을 감싼다

도라지꽃밭

접어놓은 껌 종이를 펴 냄새를 맡곤 하는 소녀에게
도라지꽃이 피어난 꽃밭 앞에 쭈그려 앉은 소녀에게
아직도 집 떠난 엄마 냄새가 나냐고 물으려다 말았다
이곳은 두 마리 분의 개똥을 내다 버린 공터였다 말을
못하는 막내이모를 위해 돌아가신 할머니가 만든 도라지
꽃밭이었다 흰색 보라색 낮 별들이 무슨 죄를 짓고
하늘에서 추방된 곳이라 소녀에게 말할 수 없었다
새카만 말들을 만드는 벌을 받는 곳이라 말할 수 없었다
까맣게 탄 소녀의 얼굴이 눈물범벅이 되었다
한순간만 기억나는 뙤약볕이 이 세상에 존재했다 활짝 핀 낮 별들이
붉은 눈을 비비며 우는 소녀와 태양뿐인 하늘을 지켜보았다

저물녘

 못을 뺀 자리마다 실리콘을 쏜 남자가 귀에 건 담배를 만지작거렸다
 그는 곧 자신이 식목한 목둘레 크기 자작나무의 백야를 보는 데
 정신이 팔렸다 까마귀 떼에게 쫓기는 매가 급선회와 급상승과
 급강하를 반복하여 부리와 발톱과 찢기는 소리에서 벗어났다
 AI방역차가 다녀간 계사(鷄舍)들의 골짜기 상공의 영역을 내주고
 간신히 야산의 경계를 넘어섰다 연탄난로에서 퍼지는 연기가
 끊었다 잇기를 반복하는 밤송이들과 이파리 몇 개
 까치가 밤나무 가지에 부리를 벼리고 날아올랐다
 널빤지에서 일어난 남자는 입술담배를 피웠다
 그는 고동색 플라스틱 개집으로 걸어가면서 축축한 가랑잎들을 밟았다
 라디오 노랫소리 말소리에 눈을 감았다 뜬 수캐는

꼬리가 짧아

  몸통까지 내둘렀다 부엌문을 열어젖히고 등장한

  노파는 무릎 지팡이를 짚고 실리콘 콧물을 훌쩍였다

  입을 틀어막고 고뿔 기침을 쿨룩였다 그러고는 창고 벽에 대고 쏘아붙였다

  밍정이 아부지요 밥 드시러 후딱 내려오이소 밍정이 아부지요 어딨능교

아궁이

 초저녁에 군불을 때고 스테인리스 요강을 들여놓은 노부부가 뉴스 채널을 틀어놓고 잠이 든 겨울밤이었다 부뚜막에 올라간 고양이도 솥뚜껑 밑으로 퍼지는 수증기의 피식피식 웃는 소리와 떨어진 물방울이 타는 소리를 피해 몸을 말고 눈을 감고 가래를 끓이는 잠에 떨어졌다 아궁이의 불티가 토닥거리는 소리를 북방의 어느 별에서 움트는 싹이나 느지막이 피는 꽃이나 저공으로 나는 나비와 벌들의 날갯짓으로 차용해 사용했다 그런 새벽에는 어김없이 얼어버린 눈곱이 끼었다 부뚜막은 두툼한 얼음으로 바뀌고 고양이는 아궁이로 들어가 폐가에서 뜯어낸 목재들의 미열과 소통했다 구부러진 못들이 재를 덮고 식어가고 있었다 진폐증을 앓는 남자가 움켜쥔 주먹으로 입을 틀어막았다 그는 붉게 다려진 못이었다가 마른기침이었다가 바싹 마른 폐가의 나무토막이 되었다 식은 장판 바닥을 더듬었다 마스크를 끼고 바깥으로 나온 그가 어제의 먹감나무에 걸린 북방의 별빛을 불러와 일회용 라이터 불을 밤송이에 댕겼다 어제도 불에 그슬린 고양이가 아궁이에서 튀어나와 먹감나무를 타고 올라갔다 북방의 별들이 고양이 울음에 깨어나 희어진 연기의 광약을 찍어 발랐다 북방의 하늘에는 녹과 그을음이 광목천에 묻어난 새벽 별들이 걸리었다

폐등대

 나보다 일찍 잠들면 절대 안 돼요 외국인 여자가 늙수그레한 남편의 등을 향해 돌아누우며 속삭였다 오늘은 앞니 두 개가 저절로 빠진 남편의 상실감을 무엇으로도 채워줄 수 없어 심난한 여자는 남편의 등골 오른편에 난 양성 종양을 문지르면서 덧붙였다 우리가 잠들고 나면 갈림길이 나온다는데 나는 언제까지나 당신이 가는 길을 지켜보고 있을 거예요 그러니 당신이 어디로 가든 당신의 등은 내게로 향해 있을 거예요 너무 외로워하지 마세요 당신이 먼저 떠나고 당신이 그린 그림에 비가 내린 아침이 온다 해도 나는 당신과 겸상해 아침밥을 먹을 거예요 당신이 그린 내 얼굴이 당신을 보고 웃었듯 라면이 끓기 전 앞니에 부딪쳐 계란을 깨던 당신의 습관을 따라 하게 되었어요 수크령이 자란 오솔길을 당신 앞에 서서 걸을 거예요 당신이 얼굴을 간질이던 웃음을 떠올릴 거예요 당신은 또 다시 한 줌의 참소리쟁이를 훑어 내 남방 등을 들추고 넣어주겠지요 당신은 등을 돌리고 달아나겠지만, 나는 당신이 그리지 못한 그림을 마저 그릴 거예요 저녁이 되면 당신의 그림들을 폐등대를 향해 걸어둘 거예요 당신은 나보다 더 오래 내게 다가온 사람이에요 나는 당신이 사용한 마우스피스를 알고 있어요

수레국화

 한 줄에 묶인 개들은 터럭 같은 게 자꾸 혀에 달라붙어 안 떨어지는 느낌을 알 수 없을 것이야 고동색 플라스틱 기와지붕에 올라간 개들의 불안을 모르는 딱따구리가 사력을 다해 오동나무를 쪼아댔지 어제도 됫병소주를 몇 병인가 조장 낸 조 씨 노인은 움켜쥔 주먹을 모으고 움막에서 벌벌 떨었을 것이야 한 번만 살려달라고 한 번만 살려주면 다신 술을 입에 안 대겠다 또 밤새 빌었을 것이야 택시 운전을 하는 주인은 오늘도 오지 않을 것이야 터미널에서 역에서 무작정 손님을 기다릴 것이야 왜 이렇게 입맛이 없어지는지 제아무리 우물물을 들이켜도 원초적인 갈증은 풀리지 않겠지 비행운이 생기다 만 하늘에 백굴비 비늘구름이 선명해지는 한낮 방치된 텃밭의 이 끝과 저 끝에 연결된 와이어 줄은 닳아 없어지지 않아 불개미들이 파먹는 사료를 물끄러미 바라보는 눈들을 네 개의 태양이라 할 수 없겠지 완충된 태양광 모형 CCTV 카메라가 개들의 눈을 향해 발광하는 붉은빛을 주입시켰지 오늘은 누구라도 배낭을 지고 산길을 올라올 것이야 좋아서 어쩔 줄 모르는 동작을 잊지 않기 위해 뻣뻣해진 털도 빠지지 않는 노구를 흔들어봐야지 너는 순간의 내가 수없이 겹쳐진 그림자였어 이젠 싸울 힘도 없는 그림자들이 지들이 살던 개집 지붕에 올라가 희멀건 하늘을 둘러본다 개들의 와이어 줄을 따라 수레국화 꽃밭이 생겼다 여기가 하늘이 아니라는 게 분명해진다

디스크

 탱자 떨어지는 소리가 들렸고 트렁크에 휠체어를 분해해 싣는 중년 남자가 보였다 밀댑방석에 널린 끝물 고추를 끌고 창고로 들어간 아버지가 막내아들 배웅하러 나와 밤송이를 집게로 집어 아궁이에 밀어 넣었다 어눌한 말투의 아버지가 손을 내둘렀다 막내아들의 SUV 차량 후미등이 커브를 돌아나가고 소똥 사이에 떨어진 홍시를 삽으로 채 도랑에 버렸다 욕쟁이로 변한 어머니가 요양병원으로 떠나고 아버지는 어머니 면회를 가지 않았다 어머니가 얼굴에 바르던 지난가을 홍시를 흐릿하게 바라보았다 최대치로 올려놓은 유선전화 벨이 풀벌레 소리를 잠재웠다 컴컴해진 거실에 자빠진 빨래건조대 옷가지들 미세먼지를 덮고 마른 개천 징검다리가 되었다 목 쉰 뻐꾸기를 가두고 뻐꾸기시계가 울었다 엄지와 검지로 묽은 눈곱을 훑어낸 아버지 하염없이 거친 강아지 등을 쓰다듬었다

저녁뜸

 허리 높이 돌담에 못 구멍 슬레이트 둘러친 그의 빈집 속이 깊은 고무대야가 한여름 뙤약볕을 받았다 펌프질 물을 받아 목간하는 그의 머리가 한여름 부기가 빠진 하늘을 치받았다 우는 아이 품에 안고 어르는 색시 목소리도 돌담 담쟁이덩굴을 비집고 나왔다 비행운이 동쪽 하늘에 버젓이 백사 허물을 벗어놓았다 장날 광밥기계가 제자리를 돌고 돌았다 다리가 가늘고 팔이 두툼한 그가 젖은 손뼉을 쳤다 기껏 깃털 몇 개 빠진 암탉이 측백나무 그늘에서 나와 고개를 갸우뚱거렸다 색시의 부축을 받아 목간통에서 나온 그가 부엌 중앙 기둥 아래 걸린 거울 앞에서 굵은 소금을 찍어 양치질을 하였다 바깥 어둠의 웅덩이 거울이 시커먼 그의 얼굴을 당겼다 뉘였다 아무리 봐도 가지런한 백미 치아였다 귀 떨어진 접시 눅진 꽁초를 물고 성냥을 긋는 그를 물끄러미 바라보는 아이가 있었다 저녁뜸의 햇살이 긁힌 거울 뒤편 바닥에 닿았다 근육은 술에 녹지 않았다 맨살은 촉촉하고 딴딴하였다

대파 술잔

 수천 년 전 대파 꽃봉오리들이 포석정 술잔처럼 떠서 돌아오고 막다른 구멍으로 도주하는 쥐새끼가 바로 뒤를 돌아보는 착각에 빠졌다 단박에 고통을 제어할 기억 생성장치가 고장 난 우리의 심장을 꿰뚫어버릴 작살은 쥐어지지 않았다 어묵공장 기숙사를 기어나온 삐뚤이 소라의 귀지 같은 낮달이 당신의 눈동자 동공 우물 뚜껑을 밀었다 송사리 배때기 허옇게 떠오른 실개천 폐수에서 아무런 생각 없이 부양한 썩는 돼지 피 냄새를 맡고 입으로 숨 쉬는 연습을 하였다 우리의 그러쥔 주먹은 펴지지 않았다 채점하지 않은 로또번호와 태어나지 않을 다음 생의 성별을 맞추는 짤짤이 동전 소리가 허공을 맴돌았다 한나절 태양이 대파 꽃밭을 스캔하는 동안 우리는 방광처럼 숨이 막혔고 지나간 얘기를 반복해 지껄였다 때로는 서로의 이름이 생각 안 나 이상형 이름으로 지어 불렀다 우리의 머리가 지나치게 자란 혹이라는 의견에 박수 소리가 들렸다 내가 먼저 죽으면 생매장을 해줘요 다시 불 속에서 꺼내는 수고를 덜

어주고 싶어요 한쪽 눈을 감고 우리를 보고 피해간 사람들을 위해 방울 소리가 날 때까지 찢어진 대파 술잔을 기울여요 어떻게 살까를 궁리할 때는 몰랐어요 어떻게 죽을지 고민하지 않을 수 있겠다 싶은 저녁이 오고 있었다

눈보라

참새가 빼먹은 해바라기 씨판 뒤에 붙는 눈덩이
 누런 잔디 정원에 떨어진 씨앗들을 향해 마른 대를 휜다
 관찰을 모르는 돼지감자 기운 대에 달린 이파리들
 쥐어짜는 눈보라에 젖어 움츠러든 채 얼어붙는다
 똑 따진 가지들이 가라앉아 스스로 새끼를 쳐나간다 믿은
 울타리의 참두릅들은 순에 발린 눈덩이가 얼도록
 꼿꼿함을 어쩌지 못해 잔가시들을 내어 벼린다
 검은 함석기와 목조주택은 괴물의 울음을 들인다
 눈보라의 무게를 견디지 못하고 틀어진다
 수직으로 지붕을 뚫고 나간 난로 연통은
 눈보라 치는 들판을 헤매는 괴물의 입김을 뿜는다
 말라가는 목재들은 공포탄을 발사하며 갈라진다
 함석기와 지붕 밑으로 기어든 참새와 쥐들은
 괴물의 난동에 대대로 만성이 된 지 오래
 어둠 속에서 시공(時空)을 달리해
 자신을 품은 자세를 바꾸지 않는다

돌 의자

공동묘지에서 내려온 그이는 봉분을 바라보고
약수터 수도꼭지에 주름물통을 물리었다
더운 숨으로 돌의 표면을 훑어내었다
아직은 파란 밤송이들 뒹굴었다
예전의 이끼가 먼저 와 앉아 있었다
다람쥐가 멈춰 서서 그이를 바라보았다
솜털을 버려둔 개복숭아 열매들 점들이
촘촘히 찍히고 있었다 계곡의 소(沼) 주변에 피고 진
돌양지꽃들 갇힌 안개가 보였다
그녀가 다시 돌아올 리는 없었다
꽃상여를 타고 공동묘지로 갈 수도
창출(蒼朮)과 도라지를 캐 탱탱한 배낭
앞으로 둘러메고 목화빌라로 손잡고
돌아갈 수도 없었다 그이는 지팡이로
돌 의자를 두드리고 있었다 그이 곁에
은박호일에 감긴 김밥 두 줄이 놓여 있었다

덧니

당신의 양팔 길이쯤 자작나무를 잘랐지
농로 안쪽에 부분 목장 울타리를 둘렀지
당신의 키 높이로 함석 처마를 올렸지
솥단지를 걸칠 아궁이를 만들고 기둥에는
PP선을 연결해 무청을 널었지

햇살이 서리를 쪼러 오고
마른 풀 자갈에서 김이 올랐지
꽃눈이 부푸는 백도(白桃)
그림자를 걸친 장작더미
보온덮개를 덮은 무 배추
구덩이에서 김이 올랐지

농로 옆에서 칠 단으로 굳은
시멘트 포에 걸터앉은 그는
어느덧 자신이 만든 흉상이 되었지

올 사람 다 끊긴 집구석에 묶어둔 개

한 마리 타구(唾具)*의 가래를 비우고
낑낑거렸지 그는 함석 기와집을 등지고
꼬부라진 담뱃재를 털었지

어제도 당신 얼굴을 탈바가지에 담았지
오늘도 점드락**
당신이 웃을 만한 일을 해보기로 하였지

 * 침이나 가래를 뱉는 그릇
 ** 저물도록의 충청 방언

우리들이 잠든 자크 속

한 입 베어 물면 피가 배는 푸른 사과를 주워 들었지
푸른 사과가 놓인 식탁의 티타늄 바구니들 당신은
쥐어 산 적 없는 푸른 사과들에게 눈을 흘겼고
영농조합 공장의 굴뚝은 낙엽송 밀집한 야산 밑자락에서
광기를 모르는 밤낮의 불빛을 튕겼지 우리는 언젠가
비닐 연이 감긴 팽나무를 지나쳤지 아까시 울타리는 참새들이
울음을 쥐어짠 총지휘본부였지 더 나아질 턱이 없었지
더블캡 트럭 짐칸에서 하드를 베어 무는 외국인들
햇빛가리개로 싸맨 얼굴들 어디까지 이해할 수 있을지
낙과들이 창턱에 올라 낙과들을 바라보는 시간이었지
뒤늦은 밥을 먹은 식당 주인이 탁자 밑으로 뻗은
무좀 양말 꼼지락거리는 잠이 든 시간 폐지방도로
녹슨 경운기 짐칸에 덩굴을 올린 환삼

엷은 꽃무늬 앞치마를 두른 당신의 부른 배를 만진 손은 거칠거렸지 인공태양과 공유한 현기증의 시간
삼겹까치구멍집 근처 푸른 사과들이 땀을 말리고 있는
폐지방도로 푸른 사과가 갈라서 양쪽으로 푸른 사과가 도열한
폐지방도로 그림자가 갈라진 틈으로 스며들고 풀들이 차오르는
폐지방도로 조류를 내치는 화약총 거울반사기 날으는 매 모형 모빌
다시 오자는 말 다시 올 수 없다는 전언 우리들이 잠든 자크 속

소파베드와 함께 밤을

 몇 개의 악몽은 화면 분할로 반복되었다 폐가에는 청설모를 잡아먹는 수꽹이가 살았다 흰 소국의 잔해가 해름을 받아 알라딘 석유난로 운모창, 수줍은 볼살을 떠올렸다 보내달라는 애원을 묵살한 대가, 후회는 갈 곳 없게 만들었고 가고 싶은 곳을 지워버렸다 그날의 달맞이꽃이 필 때까지 붉은 달이 뜬 세계로 통하는 어떤 길도 열리지 않을 거란 확신, 어떤 길로도 접어들 수 없을 거란 광신의 믿음, 심신미약자의 신음만이 무선 포트의 유리통을 쥐고 흔들 수 있다 새벽 세 시 반의 선로로 화물 열차가 지나고 우리는 둑길의 족제비싸리 군락 벤치에 앉아 키스와 애무의 시를 쓰기도 했다 우리의 하이킹은 탱자나무 울타리를 돌아 천 년을 산 대가로 등나무 등살과 벼락과 태풍에 꺾인 느티나무 둘레에서 끝났다 그때는 그 무엇도 보여줄 게 없었다 솔직하게 말했어도 믿지 않았을 거란 속단, 그 사람이 원망을 끝낸 자리에서 그가 고통의 바통을 이어받는다 폐가 쪽창에 배꽃 핀 과수원 바닥 파밭 그림이 걸리고 월남치마를 입은 서양 여자가 블록 벽돌담에 팔꿈치를 올리고 나순개* 꽃밭을 떠도는 나비의 환상을 관찰한다 누군가의 눈에는 폐가의 갈라진 벽에 찾아온 해름이 상관없고 술병이 어지럽힌 마당에 체인 풀린 자전거 녹이 조밀해진다 고등어 통조림 찌개를 끓이는 코펠 뚜껑이 들썩거리고 석유 버너 불꽃 곁으로 대숲이 볼륨을 낮추고 다가선다 수돗가에 방뇨한 남자가 고개를 들지 않는다 어디로도 가고 싶지 않은 노인과 어디로도 갈 수 없는 개새끼가 새잎이 돋은 찔레 덩굴 옆댕이에 거위 가슴털이 빠지는 안개 이불을 걸치고 앉는다 어디로도 가고 싶지 않은 사람이 아토피 꽃 핀 오리털 이불을 말고 위치를 바꿔줄 사람 이름을 부른다 심해어를 키우던 TV 불빛 푸른 물을 뺀 남자 두루마리 휴지를 끊어낸다 침을 뱉어 담뱃불을 끈 남자 함몰된 지구본 스탠드 도금이 벗겨진 은구슬 스위치 줄을 더듬어 찾는다

* 냉이의 충청 방언

파라핀 오일램프

  당신은 눈썹을 염색해놓은 개들을 호두나무 밑에서 풀어준 적이 있다
  산책로의 솔가리를 손가락 갈퀴로 긁어 쌀자루에 담았다
  춘설(春舌)* 아래 대바늘을 숨긴 불쏘시개를 포개놓았다

  겨울의 봄날, 당신은 귀신이 잘 붙는 사람이었다
  새벽의 산책로를 걸어가는 당신의 사리목(舍利木) 지팡이
  당신은 노랗고 붉은 파라핀 오일램프를 이중 창틀에 올렸다
  창에는 격자무늬 방들이 세워졌고 성에가 조이는 늪지에서
  당신은 머리를 들었다 숨을 몰아쉰 당신의 입에서는
  에어스프레이건 응축된 맹물 미립자들이 갈 데 없이
  분사되었다

며칠째 싹이 나기 시작한 감자 다섯 개를 오랜만에 찾아온 귀신이 깎아버렸다
당신의 메모지 낙서를 미니 장작 난로가 데운 바람이 읽어주었다 그래도 나는
오늘 감자볶음을 끼적였으니 저녁부터는 잠든 척 연기에 몰입하겠다

수시로 숨이 넘어갈 것 같았다 그때마다 팔등을 비틀었다 푸른 멍들 당신이 시원하게 도려내주었다 나는 벌써 감자볶음을 소화한 뒤이니 이제부터 돋아나지 않을 새살을 기다려도 되겠다 어느 날은 산양의 뿔이 된 손톱을 정리할 것이고 또 어느 날은 무심코 붓을 쥐고 떨고만 있어도 행복하겠다

겨울의 실언(失言) 봄날이었다 출입문이 열리자 파라핀 오일램프 불이 꺼지듯 어두운 얼굴이 그보다는 빛나는 손으로 파벽돌을 더듬었다

당신의 오막살이 화실 전기가 나간 지 꽤 되었다 이렇게 될 줄 당신만 미리 알았다는 것 꺼진 불이 어디에도 옮겨붙지 않았다는 것 당신은 잠들거나 기도하기 위해 불을 켜는 사람은 아녔다

허공의 안개가 들어찬 당신의 머릿속
당신이 내친 인격들이 외면당한 당신을 찾았다

*추녀의 방언

2부

월량대표아적심(月亮代表我的心)*
– 태종대

내가 먼저 도착해 파도 밑에
핸드폰을 넣어두고 떠나야 했지
저물녘 수평선까지 다가갔던 마음
이런 상태로 하늘을 본 적은 없었지
몹쓸 소설의 표지를 디자인한
노을이 빠져나갔지
완성 불가능한 소설에 구겨 넣은
이미지들 조류를 타고 쓸려 다녀
반을 잃은 보름달이 떠올랐지
내용을 가르고 화물선이 지나갔지
거래는 이루어지지 않았지
상처는 찰나에 꿰매어지고
누군가의 눈빛으로 읽히고
아물 수 있다고 믿었지
고개를 가로젓는 달밤이 돌아왔지

*등려군(鄧麗筠)의 노래

우리는 봄 상추밭으로 걸었지

 우리는 그때, 서로에게 커브 길의 연속이었지 새벽의 볼록거울에 낀 성에였지 짱돌에 까인 자리가 먼저 녹아내려 거울을 씻는 물이 되었지 우리의 가출은 주인이 들르지 않는 밤의 하우스, 페루의 별, 물방울 아래 짓눌린 스펀지를 깔았지

 한 쌍의 발바리가 종탑 밑에 살았지 우리는 눈곱이 퍼진 개들의 눈을 외면했지 우리에겐 늙어 죽거나 얼어 죽지 않을 거란 확신이 있었지 멀찍이 떨어져 서로의 빛나는 서리 길을 걸었지 맞잡은 적 없는 손의 온기를 그리워하였지

 얇은 비닐의 상추를 꺼내 쌈을 싸 먹는 꿈을 꾸었지 서로의 입을 틀어막는 상상을 하였지 우리는 최대한 덜 어지러운 보폭으로 걸었지 연탄난로 녹슨 연통 고드름을 깨물었지 우리는 희뿌연 연기 피어오르는 하우스 젖은 구두 양말을 갈아 신고 걸었지

 우리는 봄이 오기 전 졸라맨 하우스 폴대 서로의 갈빗대 안에 숨어 살았지 풋풋한 상추를 상상하였지 우리는 무녀리 개를 앞세우고 얼굴까지 덮이는 비닐

봉투 인큐베이터, 각자의 쌕에 넣어 다녔지

  그해 겨울, 우리는 하우스 단지를 떠돌았지 봄 상추밭으로 걸었지 우리의 입은 돌아가지 않았지 모종보다 심하게 떨리는 연약한 몸이었지 병든 모종을 솎아 짠 녹즙을 마시고 우리는 봄 상추밭으로 걸었지

옛날 북문시장*에 갔다

쇠불알이 끓어올랐다
양은솥단지들 들썩거렸다
거품을 밀어내는 불심으로 경배를 드렸다
입을 살짝 가리고 피식피식 웃는 얼굴이 떠올랐다
눈이 떨어진 자리마다 김이 피어나고 눈이 내렸다
목장갑 낀 손이 내민 내장이 많이 든 순대 봉지를 검지에 걸었다

적산가옥(敵産家屋) 여관에 들어가 함박눈 소주잔에 타 마시었다
네가 아니었으면 무슨 수로 반반씩 닮은 애들을 둘씩이나 놓았겠는가 말이다

미지근한 한지 장판 아랫목에 손을 드밀면
나는 안다 알고 있다 알고 있었다

모른 척 외면했기에 직면하는 날들을 겨우 견딜 수 있었다

네 가슴은 거기서부터
내가 태워먹은 자리였다
네 가슴은 거기서부터
내가 근접 못할 아랫목이었다

살얼음이 낀 소주를 따라 마셨다
술병에도 술잔에도
떨어지지 않는 지문(指紋)이 찍혀 나왔다

* 안동 시내 구시장

나리와 백합

 애완견이 사력을 다해 멈추지 않고 짖더니 누가 아침을 챙겨줬는지 심난하게 비닐이 뜯긴 하우스 바닥에 몸을 말고 눈을 붙였다 밤새 술시중을 들던 마누라가 죽자 영감은 손수 미음을 끓여 채반에 받쳐 들고 방문을 열었다 압축팩에 넣어 급랭한 고추장 양념이 살아 있는 굽은 뱅어포를 뜯어 오물거렸다 코딱지를 후벼파다 벼룩신문에 대고 코를 풀기를 반복했다 군둥내가 퍼진 골방 안 골마지가 낀 노인의 눈이 벼름박 가족사진 액자를 희뿌옇게 훑었다 이럴 줄 알았음 조금 잘해줄 것을 이렇게 훌쩍 떠날 줄 누가 알았어야지 누군들 이렇게 살기를 원치 않았을 것이야 죽기 전 마누라가 이복동생이 사는 친정에 다녀와 심은 나리와 백합이 한창이었다 꽃밭 위 토담에 뚫린 벌구멍이 후덥지근한 공기를 뱉고 향기를 흡입했다 바싹 마른 시래기들이 볼멘소리를 웅성거렸다 저 마룻바닥 평상에 홀짝 파인 등을 대고 한나절 향기를 맡았음 오죽이나 좋아 새끼손가락이 저은 대폿잔을 입에 댄 영감이 복(福)자 바닥을 드러냈다

때꼴*

  꽃을 보지 않은 열매를 자꾸 먹어봐야 아린 맛에 홀리지 않는단다 눕혀 박힌 술병들의 꽃밭엔 꽃이 없고 아려서 남겨진 때꼴들만 그늘을 오물거렸다 서리 맞기 전에 풋고추 몇 부대 따와 바깥마당 마루에 펼쳐 너는 어머니

  * 까마중의 충청 방언

고야*

 양지바른 고야낭구** 아래 펑퍼짐한 고인돌이 있었다 천 년은 굳은 버섯처럼 이끼와 가랑잎을 피웠다 무수범벅이라 불리던 할머니가 꾸벅꾸벅 졸고 있었다 읍내 종묘상회 부채를 설렁설렁 부치고 있었다 지지난해 이맘때부터 까치살무사가 몸을 말리러 와서 점심 무렵까지 똬리를 틀고 바람을 쐬고 돌아갔다 할머니는 집게를 들고 와서 까치살무사의 목을 집었다 족히 스무 걸음은 되는 재래식 변소 물봉선 둥굴레 풀숲에 징그러운 까치살무사를 던졌다 시냇물에 손을 씻고 내친김에 얼굴에도 쪽머리에도 흐르는 물을 발랐다 까치살무사에게 물리면 일곱 걸음도 못 가 죽는다는 아들 내외의 타박을 들은 체 만 체 넘기는 할머니와 몸을 말리러 온 까치살무사가 고야낭구 아래 펑퍼짐한 고인돌을 나눠 썼다 풀숲에 떨어진 고야를 흐르는 물에 씻어 고인돌에 널어 말리는 동안 효소를 만들 유리병과 갈색설탕 몇 포를 사 온 아들 내외가 밥상을 차렸다 졸고 있는 무수범벅 할머니 밥상에 밥 두 공기 무국 두 그릇을 올려든

아들과 숭늉 두 그릇을 채반에 받친 며느리가 고야낭구 아래 고인돌을 향해가고 있었다 지지난해 세상을 떠난 까치살무사가 무수범벅에게 들리지 않는 말을 쉼 없이 지껄이는 고야낭구 그늘 풀숲에 주저앉듯이 열매를 떨어뜨렸다 결혼해 제금날 때 까치살무사 고향집 우물가에서 옮겨 심은 낭구였다

  * 토종 자두
  ** 나무의 충청 방언

마사토

 블루베리 농장에 딸린 컨테이너에 살던 여자가 떠났다
 베체트병을 앓던 여자는 컨테이너 입구 들린 합판때기에 앉아
 헐은 입안을 보여주었다 아무것도 먹지 못했지만 오늘은
 웬일인지 노지딸기가 당긴다고 옹알이를 하였다 혓바닥 둘레에도
 허옇게 헐은 살얼음 낀 웅덩이들이 보였다 눈이 녹은 비포장
 길에도 허방들이 보였다 고리형광등의 파리똥에서 이마의 미열은 시작되었다 침낭을 적시고 전기장판을 누전시켰다
 옛날 남편과 찍은 사진 한 장이 자신을 질투의 화신으로 만드는 동안에도 여자는 화타의 경지로 자신을 인도하였다
 청혼도 못 해보고 애를 낳은 후회를 통해 어디로도 갈 수 있는

길이 열린다고 제대로 거름을 못 준 블루베리 열매처럼 웃었다
 청혼도 받지 못한 얼굴을 떠올렸다가 선도 보지 못한 날들을
 떠올렸다가 이빨 자국들 모나미볼펜이 굴러다니는 컨테이너 카고크레인에 들려
 블록벽돌들을 떼어냈다 카고크레인 짐칸에 실린 컨테이너 뒤틀리면서
 깨진 전신거울을 가시덤불에 부려놓고 블루베리 농장을 벗어났다

층층나무 단풍들다

층층나무 둘레에 마루를 깔고
투명 지붕을 올렸다는 기별
아궁이를 만들고 솥단지를 걸고
샛별을 향해 연통을 놓았다는 기별
죽도록 산 토종닭과 엄나무와 당귀
마늘을 넣고 반나절을 삶았다는 기별

목이 말라 올라온 아랫집 노인은
크리스털글라스에 하수오 담금주를
연거푸 따라 마시고는 골이 아퍼
부지깽이를 짚고 밤길을 내려갔다
노인은 다시 올라와 조장내지 못한
하수오 담금주 6리터 병을 보면서
되뇌었다 너는 참 아름다운 놈이야

남편의 술버릇을 피해 절집에 피신한 부인이
플래시를 들고 남편을 찾아 나섰다
노인은 산길을 벗어나 계곡 아래 냇물까지

굴러가 잠들어있었다 노인은 자신을 들쳐업은
남자의 손을 잡았다 그러고는 빈 크리스털글라스
하수오 담금주를 입안에 털어 넣는 동작을
멈추지 않았다 너는 참 아름다운 놈이야

천변

족제비싸리 군락 중간에 누워
달을 바라본 흔적이 남았다
펑퍼짐한 돌에 앉아
밤새 낚시를 하는 남자가 보였다
꽃이 피자
달맞이 꽃대는 기울기 시작했다
머물러 있는 물은
더러운 때가 낀 폐비닐이었다 가끔씩
소주병 나발부는 소리가 들려왔다
물위에 물방울 접시들이 떠올랐다
비닐에 숨구멍이 뚫렸다 사라졌다
여자는 캠핑카와 연결된 해먹에서
자신의 정신지체를 다룬 작가의
소설책을 뒤적이다 잠이 들었다
석류 알갱이에서 골방의 신내가 퍼졌다
천변에서 자란 국화 송이들이
오십만 년 전 별빛을 숭배했다
눈이 매웠고 속이 울렁거렸다

족제비싸리가 정처 없이 잎을 떨었다
막차를 떠나보낸 터널의 양방향 끝을
남자는 바라보았다
내려놓은 소주병이 풀벌레로 채워졌다
무시동 히터가 켜졌다 캠핑카 안으로
여자를 안은 남자가 들어갔다 나왔다
담뱃불을 붙인 남자가 서성거렸다
캠핑카 창문이 흐려지기 시작했다

불광동

비탈길 가로등이 깜박일 때
눈꺼풀 근방에서 경련이 일었다
시멘트포장 옆으로 퍼진 골을 따라
빗물이 흘러넘쳤다 비옷을 입은 피자배달 청년
투덜거리는 소리 가로등 밑을 옮겨 다녔다
개울물이 뒤섞이며 얼마간 바닥을
들어올리기도 하였다 집을 못 찾아
골목을 헤매는 동안 전봇대에 붙은
스티커들 테두리를 말아올렸다
옹벽을 타고 내린 개나리 줄기들
하수도 물 흐르는 소리에 눈동자를 달았다
개나리 꽃봉오리마다 한 움큼
빗물이 채워지고 아무 데서나
김이 나고 눈이 감기는 봄밤이었다
행방불명인 사람 가구 비닐 커버를 밟고
지나가지 못하는 봄비 오는 자정이었다
속빈 마늘 껍질 벗겨놓고 다투는 소리
뭉친 신문지에서 나와 말을 더듬었다

제아무리 꽹과리를 친다 한들 돌아눕지 않을
사람이었다 우리는 굿판 슈퍼 돼지머리를 보고
놀란 가슴이었다 비탈길 경사만큼 고개를 숙이고
빚 갚으러 가는 사람이었다 멀국* 없는 국그릇들
식은 밥 비벼 뚝딱 해치우고 돌아앉은 사람이었다

 *국물의 충청 방언

진눈깨비

귀덮개 모자를 쓴 그들은 대폿집 생밤나무
감싼 둥근 탁자 긴 의자에 실려 비걱거렸다
고추장에 버무린 돼지비계 안주를 집어 먹었다
살강 밑 조롱박 달마그림 한쪽 눈을 부릅뜨고
누런색이 발한 잠바들은 젖어있었다 구멍가게
대폿집 주인은 김이 서린 방문 유리 저편에서
봉숭아 코스모스 국화가 압사한 브라운관
TV를 켜놓고 화투 패를 떼었다 그들은 없는
사람을 욕하기 바빴다 공초를 문대 끄고
수제담배에 불을 붙였다 사각 창이
붙은 미닫이문을 열어놓고 나갔다
세면기와를 얹은 토담에 박힌 몽돌들
솟은 우족의 절단면 피를 머금었다
누구나 헤맬 때는 못다 운 울음을 운다는
것이었다 쪼그라든 밤송이 오그라든 이파리
가지를 따라 가지의 중심이 되어 흔들렸다
벽 가까이 거품이 부글거리는 소변을 보고
문을 닫고 돌아왔다 대폿잔을 들이켜는

그들의 목덜미에도 생밤나무 기둥 골이
 보였다 콘크리트 바닥으로 스며드는 물이
 보였다 진눈깨비 생밤나무 기둥을 타고
 흘렀다 골판 투명 지붕 바깥 진눈깨비
 날았다 한없이 움츠러드는 몸이었다
 연탄난로 주전자 쉰 보리차 김이
 귓속말을 하였다 찌그러진 주전자
 뚜껑 꼭지 없는 머리를 흔들었다

뜬눈으로 나를 기다리는 쪽창에 대하여

내가 밖에 나갔을 때
그는 안에서 밖을 내다보았다
내가 문을 열고 들어가면 그는
감쪽같이 사라져주었다 그는
느낄 수 없는 존재의 시발점이었다
알 수 없는 존재의 무모한 스토킹이었다

브레이크가 파열된 자전거를 타고
내리막길 내달리다 커브를 꺾지 못해
그대로 샛강을 나는 나를 잠시라도
지켜보았을 터 그는 밤샘 뜬눈으로
나를 지켜보았을 터

정신을 차리고
돌무더기에 널브러진 나를 주체하지 못할 때
 일으켜 세워준 것도 그였다 그의 손이 입술을 꿰뚫은
 돌부리를 제거해준 것이었다 자전거 핸들을 똑바로

세워준 것이었다 일그러진 바퀴를 굴려 집으로 데려다준
　것이었다 부러진 이빨이 끊어내지 못한 희디흰 신경이
　누레질 때까지 숨을 불어넣고 빼낸 것도 그였다

　석유버너 불을 쬔 코펠의 쌀밥을 으깨
　미지근한 물을 넣고 휘휘 저어
　흰죽을 갖다 바친 것도 그였다

　새 자전거를 맞춰다 준 것도 그였다
　새 자전거에 안장 하나 심어준 것도 그였다

억새가 피어

 곧장 자취방에 가지 못하는 남자가 강변 모래사장을 누볐다 집 나가 죽은 개를 찾아 나간 여자는 또 헛걸음질을 쳤다 집성목 우체통 뚜껑을 열고 열쇠를 집어 들었다 고바우길 8부 능선 기와집은 무허가 건강원이었다 가스불에 걸터앉은 중탕기계 꼭지마다 인공 촛불이 켜졌다 17년 전 강아지 무사귀환을 빌었다 즙을 짠 포도 찌꺼기에 말벌이 꼬였다 소주병에 말벌을 잡아넣은 여자가 뚜껑을 닫고 내둘러 회오리를 일으켰다 네가 죽으면 곧 따라 죽을 작정이었는데 넌 언제부터 괴물이 된 거니, 인간아! 남자가 파지사과 실린 4륜구동 트럭을 여울에 꼬라박았다 집 나가 죽은 개와 집을 바라보던 강 건너 먼 산 찌들목*소나무와 근방의 억새 군락과 바위 절벽 가로 금들을 실눈 눈물로 적셨다

　*척박한 땅에서 산 나무

쭈그려 앉은 그림자

  그는 쇠갈퀴로 앞뜰의 마른 잔디를 긁어 마대부대에 우그려 담았다 토치로 불을 지핀 소각난로의 연통을 통해 낮은 하늘을 바라보았다 노린내를 발산한 연기가 역풍 방지기와 불티방지 캡을 통해 방출되었다 함박눈이 달라붙는 소각난로 몸통과 연통과 연기 속으로 입을 벌린 그의 혓바닥에 함박눈과 불씨를 달았던 재들이 앉았다 야외 원목테이블에 벗어놓은 경량패딩에서 핸드폰 진동이 울렸다 함박눈을 헤치고 쌍발 헬기가 다가왔다 까마귀와 까치들이 사슴농원 우리 둘레 생강나무에 앉았다 짝사랑 그녀는 수녀가 된 지 오래였다 그녀는 그곳에서 늙지 않는 줄 알았다 앉은뱅이책상 서랍에서 벽장으로 다락의 궤로 옮겨간 부치지 못한 편지들을 읽고 태웠다 배 과수원 가운데 쌍둥이 가묘(假墓) 함박눈 떼를 입었다

쭈그려 앉은 그림자 2

 분홍색 쌀 쥐약을 과다 복용한 쥐가 웅크렸다
 잘린 버드나무 중앙 뿌리가 누워 건너간 거기는
 텃밭의 빗물이 잘 빠지는 허당이었다 시력을 상실한 쥐가
 바람이 헤치는 털을 빳빳하게 세워 올려 몸을 부풀렸다
 펜션의 족구장에서 걷어찬 축구공이 잔금들이
 징그러운 바닥에 떨어져 튀어 올랐다 밑동에서
 자란 잔가지들이 버들강아지를 피워 올렸다
 고슴도치를 지켜본 노인이 퍼진 눈곱을 훑어내
 소매에 문질러 닦았다 내년 복사꽃이 필 때까지만
 살았으면 좋겠다던 노인이 앉은뱅이 의자에서 일어나
 최선을 다해 하품을 하였다 쌀 쥐약을 용기에 채우고
 손바닥을 빗겨털었다 몇 군데 담배 빵을 먹은
 군용담요를 난간에서 걷어내 몸에 두른 노인이
 거진 다 와가는 외눈박이 숏바디 영감의 검정

코란도가 언덕길 차올라 들이닥칠 대문께로

까무잡잡한 얼굴을 빼내었다

개나리

 아버지는 중절모를 쓴 토종벌연구가였고 개량한복을 입고 나돌았다 그는 자신만 떼놓고 이사 간 가족을 찾아 개나리 핀 지방도로를 걸었다 설탕을 한 숟가락 퍼먹으면 사라질 현기증 속에서 여왕벌이 비누거품 알을 까놓았다 설탕 배달 트럭 호로에 숨어 기어이 찾아간 하우스 움막 그는 제대로 된 집을 짓기 위해 목수가 되었다 마누라와 아이들과 떨어져 달세 여관을 떠돌았다 개나리꽃 울타리를 덮고 그는 자신도 모르는 데로 가 맨손으로 집을 짓는 꿈을 이어 꾸었다 중증 공황장애 당뇨 비염을 달고 작업화 깔창에 무좀양말 자국 새기며 빈 길 지워지는 중앙선 점자를 따라 걸었다

3부

벼꽃이 피어

벼꽃이 피었다 지는 시간
두 시간
수정아, 너였구나
파노라마 선루프를 열어놓고
섬 그늘 노래를 틀어놓고
의자를 제끼고 눕는 태양보다
먼 하늘들

다랭이논 피를 뽑던 내 애비도
금광쟁이 네 애비도
눈을 비벼 봐도
물에 뜬 벼꽃들

율피

 아름다운 동산이었던 자리 파헤쳐져 거대한 석축 옹벽이 둘러쳐졌다 오솔길의 산밤나무 굴참나무 오동나무 소나무 산벚나무 아침 안개 속으로 들어가 나오지 못했다 결혼한 아들 내외와 참초하러 온 그는 망연자실이었다 일찍 여읜 부모님 합장한 산소를 잃어버린 것이었다 옹벽 한참 아래 살던 집이 있었다 개량종 밤나무에 걸쳐 펴진 알루미늄 사다리를 그는 지나쳤다 우거진 풀숲을 헤치고 석축 옹벽 앞에 다다라 예초기 시동을 걸었다 두툼한 풀들이 눕고 폐가전제품들이 드러났다 칼날에 자갈이 튀고 비닐과 플라스틱류 스티로폼 알갱이들이 날았다 추석 전날이면 전용 칼로 밤을 치던 아버지 줄담배를 물었다 누나를 조수로 둔 어머니 사랑방 아궁이 앞에서 철질을 하였다 그날은 자물쇠 채워진 자바라 TV를 보았다 아름다운 동산에 딸린 집과 우물과 밤나무와 토끼풀과 얼마 전에 뗏장을 입은 산소가 있었다 아버지가 율피를 어질러놓으면 어머니는 항아리에 담아 율피 효소를 담았다 들판에 탈곡기 소리 멈추고 풍성한 갈대꽃 하천부지가 보이는 대청에 앉아 율피차를 마셨다 이웃집 늙은 호박을 아버지 전용 칼로 오리고 똥을 한바가지 싸다 들켜 혼짝*이 난 날도 그랬다 중국에서 돌아온 그는 모텔방 바닥에 앉아 밤을 쳤다 드라이기로 말린 율피와 보온병 다기세트와 풍성한 갈대꽃 하천부지가 보이는 돗자리를 준비했다 결혼한 아들 내외와 부모님과 율피차를 마시고 싶었다 그는 그곳의 나무를 다 잡아먹은 칡넝쿨과 등넝쿨을 잡고서야 알았다 부모님 산소는 전원주택지 석축 옹벽과 한참 떨어져 있었다 발효를 건너뛴 율피차 떨떠름하여 하늘에 눈물만 그득하였다

*혼줄의 방언

소나무재선충(材線蟲) 감염지역

 철강판 화덕에 알루미늄 판솥이 걸리었다
 오래되었다 그들은 쌍둥이였고 이웃해 사는
 홀아비였다 김이 나도록 솥뚜껑에 행주질해줄
 여인을 멀리했다 그들은 조경(造景) 사업을 접은 후로
 자주 만날 일이 없었다 굴취(掘取)와 산판(山坂) 작업하러
 산을 오르던 시절, 산도라지 잔대(沙蔘) 삽주(仙朮) 하수오(何首烏)
 더덕을 캐 잔치들은 말려 물을 끓여 먹고 대물들은 따로 챙겨
 담금주를 담아 감추는 재미 쏠쏠했다 오늘은 서로의 목에
 나일론 보자기를 씌우고 번갈아 이발사가 되기로 하였다
 전지가위의 손놀림은 아니어도 아는 사람만 판별하는 쌍둥이의
 얼굴 머리 스타일로 달리하였다 양치질 거품 튄 거울 감나무에

걸려 등이 간지러웠다 오늘은 껍질 벗긴 엄나무와 마늘을 넣은
닭백숙 안주로 저온창고 담금주를 맛볼 참이었다 내일은
손아래 동생의 첫 아들 중신을 서러 읍내 커피숍에 가봐야 했다
숱이 없는 머리를 감추기 위해 동생이 보낸 똑같은
중절모를 써야 할 것이었다 우리가 죽기 전에 담금주는
다 마셔봐야 할 낀데, 스티로폼 앉은뱅이 의자에 마주 앉은 쌍둥이
홀아비들이 흰 사기 술잔으로 건배했다 소나무류 반출금지를 알리는
현수막 동네 초입의 80 몇 점짜리 소나무 두 그루를 집요하게 당겨
붉은빛을 빼내었다

폐사지(廢寺址)

소도 돌팔이 의사 집을 향해 들입다 뛰던 어머니
대숲에 멈춰 서서 절을 하고 손을 비벼 소원을
빌었지 아픈 아이 등에 업고 이끼 낀 돌을 밟고
돌았지 대숲을 헤집은 바람이 골짜기를 훑고
날기를 반복하였지 며느리의 젖이 마르자
할머니는 암자에 가서 밤낮 불공을 드렸지
항아리에 약수를 받아 인 할머니
며느리의 젖이 속히 돌기를 빌었지
쪽박에 항아리 약수를 떠 암자와
단칸방을 물방울로 이어놓았지

우산이끼

 까맣게 밤꽃이 떨어져 널린 마당을 어둠이 서둘러 덮으러 온다 장맛비 맨땅을 타작하다 멈춘 사이 산등성이 안개비 촘촘해진다 밤나무에 맺힌 빗방울이 마저 떨어져 지렁이가 기어간 마당 자갈들이 들썩거린다 삐뚜름한 걸음걸이로 주먹 하나 등 뒤로 틀어쥐고 언덕길 올라온 그는 부르르 떨면서 대롱거리는 마루의 전등을 켜고 원두막을 향해 누워 구시렁거린다 헛간에 웅덩이를 파고 들어앉은 억세진 털가죽을 덮은 개가 눈에 불빛을 담고 묶인 몸을 뒤척인다 그동안 어떻게 지냈어? 집 나간 여자가 구두굽으로 토방을 찍으며 개에게 단청부리는 환상, 혼잣소리 울린다

밤의 밀레*

 살러 들어와 죽어 나간 자의 집에 당도했다
 탱자나무를 전지하는 그의 손이 떨리고 있었다
 바닥을 뒹구는 탱자들이 쭈글탱이가 되어 있었다
 즙을 짜내면서 씨까지 얼음으로 채우고 있었다
 주름관 보일러 연통이 칠이 벗겨지고 녹이 슨 기름통 위
 평평한 함석을 누른 돌멩이를 쪼고 함석을 긁으면서
 폐암을 앓는 그의 신음을 재생하고 있었다
 토해낸 매연 찌꺼기를 바람이 채가고 있었다
 묵정밭의 마네킹 허수아비가 목이 뒤틀린 민낯으로
 흘러가는 달과 눈가루를 첨가한 달빛과 아파트
 공사장의 크레인 붉은빛 발광을 지켜보고 있었다
 개들이 떠난 철망 밑 개들의 똥과 오줌에 범벅된
 흰 개털들이 LED 태양광 정원등을 켜고
 살얼음이 낀 막걸리 병을 곤봉체조로 돌려 흔들던 그의 생전의 모습을
 노간주나무 그림자로 창고 벽에 재현하고 있었다

마당의 전깃줄에서 질끈 눈을 감았다 뜬
그의 휘파람 소리가 들려오고 있었다

*이장(移葬)의 충청 방언

백합(白合)과 백합(白蛤)의 해변

 라면을 끓이는 주인에게 가까운 편의점 위치를 물었다 주인은 라면 면발을 감아 김을 불었다 안에서 익으나 바깥에서 익으나 그것이 그것 소화되는 데는 아무런 지장이 없었다 주인에게 물때를 물었다 주인은 뜨내기라 대답하지 못했다 대신 라면 국물을 바닥에 갈겨 뿌렸다 니글니글한 기름기가 오래된 콘크리트 바닥을 코팅했다 노을이 다녀갔고 거무죽죽 구부정한 해송 숲을 지나가는 오솔길은 적막했다 백합에 코를 대고 여자가 해변에서 웅얼거렸다 해풍에 귀를 대고 여자의 말을 이어 들었다 고랑을 따라 내려가다 번진 민물에서 반사된 달빛들로 백합의 속살을 채웠다 지난 밀물 근처에서 백합 껍질을 내던지던 여자는 허름한 민박 같은 펜션으로 돌아오지 않았다 침대방으로 옮겨드릴까요? 백합 국물에 라면 사리를 쪼개 넣은 주인이 물었다 졸아드는 백합 국물에서 어젯밤 짬뽕한 와인들 코르크마개 타는 냄새가 풍겼다 여자가 해변에서 긴 머리를 빗어 넘기며 웃는 환영을 보았다 뒤따르던 떠돌이개가 번들거리는 수면을 바라보았다 서치라이트를 비추는 달의 각도는 고정되어 있었다 수면의 길에서 여자는 낮은 키 개량종 해바라기 식탁보를 움켜쥐었다 밀물의 이 끝과 저 끝의 한가운데 솟아오른 봉분의 느낌이 밀려들었다

영산홍

 북쪽 기슭으로 향하는 비단잉어 떼 등에
 올라탄 산곡풍(山谷風)의 흐린 눈꺼풀을
 우리는 열어보려 하지 않았다 연못에
 꽃가루를 쏟아부은 버드나무 끌리는
 가지 끝 촉감을 느껴보려 하지 않았다
 딱따구리가 파놓은 굴참나무 구멍을 가린
 이파리를 바라보다 환청에 빠져들었다
 모찌*와 아라끼**의 경계 산림도로를
 쓸어넘기는 산곡풍을 기시감(既視感)으로 바라보았
다
 영산홍은 북쪽 기슭에 줄지어 피어 있고
 농장관리인 숙소 데크에서 연못의 비단잉어 떼
 몸이 흐른다 중얼거렸다 우리의 흐르는 눈동자
 비단잉어 떼 몸을 관통하는 물고기의 유영을 즐겼다
 벌목과 굴취(掘取)***와 토목의 시간을 예비했던가 굴삭기와
 임목폐기물파쇄기 소리를 감지했던가 영산홍이
 북쪽 기슭에 져서 연못은 비단잉어 떼를 어느

비 많이 오는 밤 석천계곡(石泉溪谷)에 방류했던가

다음 날 태양은 태양광 전지판 위에서

발전을 시작하고 석축 사이 늘어선

영산홍은 비단잉어 떼를 몰고

닭실마을**** 석천을 지났던가

우리는 우레탄 농로를 따라 쉼터까지

눈을 감고 걸었던가 산곡풍이 청암정(靑巖亭)*****
쪽문을

여닫는 소리 우리는 한쪽 귀를 세웠던가

비단잉어 떼가 영산홍 군락이라 연못의

북쪽 기슭에 노숙 방지 벤치를 설치했던가

달착지근한 술잔에 네 개의 입술을 포갰던가

* 판매를 목적으로 굴취(掘取)해 평지에 옮겨 심은 나무
** 옮겨 심은 적 없는 나무
*** 캐내기
**** 경북 봉화군 봉화읍 소재
***** 권벌(權橃)이 조원(造園)한 곳

도전(盜電)

  햇살은 비스듬히 그의 어지러운 링을 염탐하고 돌아갔다 손에 지푸라기를 감은 그가 권투선수 흉내를 내고 있었다 조리대를 바싹 자른 그의 마당에 앞날을 뒤지는 가랑잎들이 몰려다녔다 돌아보면 그는 낭떠러지 밖에 한 발을 내디딘 상태로 살았다 전기 계량기 훌라후프 눈금들은 그가 헤딩으로 박아 넣은 일자 드라이버에 멈춤 상태를 유지했다 계량기 유리를 박살낸 괴력으로 그는 자신에게 어퍼컷과 쇼트 훅과 롱훅을 연거푸 먹였다 그의 거친 호흡에 기립한 체크무늬 스펀지 매트리스 커버의 보푸라기들은 그의 홈 관중들이었다 침낭을 데우는 드라이기 전선은 더블 펀치를 맞고 그로기 상태가 된 그의 무호흡 수면과는 상관없이 꼬여들었다 그는 창문을 열고 후원의 시누대 숲에 입김을 퍼부었다 연분홍 립스틱이 발린 담배꽁초들 눈 속에서 부양했다 구겨진 에쎄 수 담뱃갑들은 흠뻑 젖어들었다 담뱃갑의 사진들 대나무 마디 하나는 얼어터진 혓바닥 이파리를 빼문 상태였다 벽면의 금들이 벌어지고 썰물이 밀려드는

바람소리 댓잎들이 얼음을 깨먹고 방뇨한 그의 몸을
대신해 서로 수평이 맞지 않는 날개를 떨었다

말코지집*

  안짱다리를 저는 남자가 새벽 어스름 도로에 떨어진 모과를 골라 주웠다 소매에 문질러 먼지를 닦아 집 수리 현장 컨테이너 가로등 불빛 내뺀 방범창에 모과 두 알을 끼웠다 안에서 불이 켜지자 남자는 골목으로 다리를 끌고 사라졌다 상처가 덜 난 모과를 고르던 남자의 숨소리, 눈빛, 손떨림, 다세대주택 옥상에서 태어나 거기서 한 번도 못 나간 개가 뒤집힌 고무물통 파인 집에서 나와 물끄러미 남자를 바라봤다 오늘은 봐줄 거야 오늘은 같이 들어갈 거야 냄새를 맡아볼 거야 남자는 달아오른 장작난로 흔들리는 주전자를 바라봤다 내일 새벽 어스름 도로에 떨어진 모과를 주우러 대문을 나서는 남자를 옥상의 개는 지켜봤다 어젯밤 기타로 두들겨 맞은 머리라 희뿌옇게 모자이크 처리된 지상의 집들 박하지 딱지가 되어갔다 물그릇 미세먼지 층으로 뿌예지고 밥을 굶은 다음 날 첨탑의 불빛 머릿속에서 점멸했다 새벽 어스름 도로에 떨어진 모과가 동나자 남자는 비로소 나무를 올려다보고 나뭇가지 저편에 열린 옥상의 개머리를 발견했다 태어나자마자 고아였던 여자 느지막이 단신으로 되돌아와 말년을 보낼 집을 거진 수리해가는 여자 다세대주택 옥상에 오른 남자 개집에 걸터앉아 예전 술집에 자리 잡은 컨테이너 지붕 아지랑이 난로를 쪼였다 모과가 개골창에서 돌이 되어가는 시간 눈을 감고 서둘러 피어난 개나리 꽃가지를 꺾어 들었다 여자의 단출한 집 울타리 암반의 둘레에 삽목(揷木)하고 있었다

  * 임시 거처로 지어진 외기둥집

캠핑

  뒤축이 짜부라든 봉고차가 등산로 입구 수돗가에 똥짜바리를 들이밀고 멈춰 섰다 뒷문을 올려둔 채 여자는 설거지를 하고 꽁지머리 남자는 벚나무 간격에 빨랫줄을 묶고 구겨진 침낭과 하트무늬 수면잠옷 두 벌을 부풀려 널었다 남자가 등받이벤치에 앉아 하모니카를 불었다 중국집 배달 스쿠터가 등산로 입구에 멈추고 바닥의 단풍이 일어나 남자의 선글라스에 달라붙었다 세제를 묻히고 와 남자의 사타구니 둥지에서 한뎃잠을 자는 애완견, 입을 틀어막은 남자의 밭은 기침 소리에 놀라 눈을 떴다 감았다 무릎에 하모니카 구멍을 쳐 침을 빼내는 소리에 놀라 고개를 틀었다 고압 석유버너 위에서 압력밥솥 꼭지가 돌았다 봉고차로 걸어간 남자가 자바라 TV박스를 열어젖혔다 약봉지를 뒤져 한 입 되게 털어 넣었다 수돗물이 쏟아져 나왔다 부분틀니를 빼놓고 철제 침대에 누운 남자의 숨이 코로 들락거렸다 저녁의 공원, 벚나무 낙엽은 군만두처럼 굴러다녔다 카 오디오의 노래가 바람에 휘청거렸다 누레진 속옷을 치대는 여자의 손등이 한없이 늙어 보였다 새싹이 돋아나 스텐 냄비를 지지는 석유버너 여자는 김치찌개 냄새를 뿜어내는 석유버너 시퍼런 불꽃 위에 건조대를 펴 속옷과 수면양말을 널었다 족히 백 년은 산 얼굴들이 밥을 먹었다 서로의 입에 밥과 찬을 넣는 얼굴을 번갈아 보느라 애완견 목줄은 쌍방울을 흔들기 바빴다

강변의 별장

 늙은 개는 주인에게 버려진 줄도 몰랐다 앞이 보이지 않는 개는 강변의 별장 주변을 배회했다 젊은 시절이었다면 배꽃 떨어지는 소리에도 일일이 반응했을 텐데 대낮에도 안개 낀 배밭 바닥엔 지난날의 나순개 꽃들이 만발하여 앞다리마저 휘청거렸다 안개의 미립자 드레스 커튼을 걸치고 밤새 생고기를 태우던 남녀는 데크에서 곯아떨어져 땜빵하러 나온 해와 달이 공존하는 하늘을 바라보았는데 남녀의 차이는 강변의 별장에 갇혀 서로의 속을 훑었다 볼링 코치였던 남자가 부잣집 외동딸을 꼬드겨 강변의 별장에 기생했다 애를 안고 가 결혼 승낙을 받아낼 요량이었던 남자가 게워낸 송어회 무침에 첫 쉬파리가 달라붙었을 때 개는 여기가 어딘지도 모르고 짖었다 개는 주인을 버리고 어떻게 여기까지 당도했을까에 골몰했다 여기는 핸드폰 통화 불능 지역이었고 수상 레저 시설의 맞은편이었고 송전탑이 아무나 불러 세우는 곳이기도 했다 여자는 수면제 알약을 손안에서 이겼다 남자의 술배가 거의 임신 팔 개월째가 됐을 때 늙은 개는 오랜 투병 끝에 곡기를 끊고 송장이 된 주인의 뒤를 따르기로 결정했다 여자가 치는 디지털 피아노 곡들은 모터보트 물결의 골마다 기름기를 담아 찬란하게 부유했다 수돗물을 틀 때마다 아득하게 심장을 휘젓는 모터 소리 들려왔다 최선을 다해 자기가 판 웅덩이에 맞춰 엎드린 늙은 개의 사체는 침착하게 오그라들어 거친 가죽부대를 남겼다

힘줄이 드러난 전기장판

 수없이 생선 목을 친 대가로 목이 점점 돌아갔다는 남자 일에만 매달려 옆을 살피질 못했다네 부인이 생선가게를 나간 남자 여전히 리어카를 끌고 새벽시장에 다녀오는 남자 어디를 봐도 앞이 되지 않는 남자 어디에 앉든 안심이 되지 않는 남자 고무 앞치마 끈을 벗어놓은 남자는 생선 대가리와 내장과 지느러미를 긁어모은 양재기를 뒤뜰로 가져간다네 벽돌에 걸쳐놓은 양은솥에 쏟아붓는다네 생선잡탕 배불리 먹인 떠돌이 개와 고양이를 데리고 곤한 잠에 빠져든다네 그 남자 숨소리 코골이 소리 요란한 가게에 딸린 단칸방에 켜진 전기장판 온도조절기 붉은빛 세상의 중심에 점 찍고 냉골과 교전 중이라네 후회막급한 바람이 걸어 잠근 가게 문을 흔들어도 그는 곤한 잠에 빠져 미동하지 않는다네 양버즘나무 그림자 가게 기둥에 걸린 비닐봉지를 뜯어내는 시늉도 스티로폼 앉은뱅이 의자에 철퍼덕 앉은 예전 부인의 모습도 보지 못한다네 헛것들 나무 도마에 비닐장갑 똑바로 벗어놓고 일찌감치 돌아간다네

맹매기*집

  횟집을 접었다는 막내아들이 다녀갔다 녹슨 트럭 짐칸에 실어다 부린 바깥마당 합판때기 자귀로 제긴 노인이 마대자루에 부스러기를 주워 담는다 톱날로 자른 합판과 각목이 섞인 땔감 몇 단 나무곳간에 들여놓는다 저세상으로 떠난 부인이 귀마개를 하고 돌아오던 구부렁길 눈이 더디게 녹는 응달을 바라본다 토담 아래 지린내 빠진 오줌독에 소변을 본다 미적거리다 쫓아갈 기회를 놓친 당신 거기서 잘 지내는가 족제비 귀마개를 한 노인이 골방 아궁이 안으로 조각난 합판을 집어넣는다 굴이 들지 않는 아궁이 목공 본드 냄새 밴 연기가 회벽과 서까래를 문지른다 비닐과 천조가리 깃털과 지푸라기를 문 맹매기집 병목에 바람이 찬다 마시다 만 소주를 따른다 마늘종 장아찌 무침 오물거려 허공 저편 낮달에게로 입을 벌려본다

  *귀제비의 충청 방언

흙탕물 웅덩이

포클레인이 파헤친 연못의 웅덩이들
얼음이 봉합한 흙탕물 웅덩이들
참붕어 몇 마리 몸을 뒤집지 못하고
희뿌옇게 누워 성에 낀 유리창 너머
붉은 눈으로 태양을 바라보는 흙탕물 웅덩이
눈발이 떨어져 미끄러지는 흙탕물 웅덩이
갈대 울타리 중앙 바닥 학(鶴)과 태양
문양을 쏟은 양은 쟁반이 뒤집혔다
흙탕물 웅덩이마다 양은 쟁반이 들썩였다
파헤친 연못은 사산한 여자의 자궁이었다
흙탕물 웅덩이 얼음에 갇힌 황소개구리들
여름 한낮, 검불로 얼굴을 가린 여자
우사(牛舍) 왕겨더미에 퍼질러 앉았다
뜯겨나간 슬레이트 지붕 멀어진 하늘
앉은뱅이 몸 최대로 확대해 울었다
맨발을 내두르며 흙탕물 웅덩이 얼음 속
수평자 수평알들 진공상태로 떠올랐다

노적가리

　설원에 달이 차올랐다 벼 밑동에 붙은 새싹들이 간신히 꼬리를 치면서 숨어들었다 홀쭉한 배를 들이댄 바람이 대팻날 머리를 쳐대면서 드레스 자락을 끌고 구릉을 넘어 곤두박질치면서 울면서 불면서 뿌리치면서 그림자 없이 사라졌다

　살쾡이 울음이 잦아든 새벽이었다 서로의 광채를 품고 잠이 든 살쾡이 가족에게 들고뛰는 바람의 설원은 쫓고 쫓기는 그림자를 지웠다

　담뱃불을 이어 붙이는 사내가 보였다 입김과 연기를 단거리로 주입하는 사내였다 마비를 풀기 위해 검불들이 날아올랐다 착지할 틈도 방심할 여유도 없는 검불들이 날아올랐다

　사내는 죽음으로 완치되는 불치병을 앓았다 노적가리 고드름이 사내가 떠난 단독의 창문을 열어주었다 빨래건조대의 옷들이 말라가고 있었다 창문의 성에가 완성되어가고 있었다 틀어진 주먹을 입에 갖다 붙이고 기침을 이어가는 사내의 담뱃재가 설원 바닥에 끌리면서 날았다

들국화

전원주택 수도계량기 뚜껑을 옆에 엎어놓고
소매를 걷어붙였다 십 몇 년 전 아이의 몸에
꽉 끼는 오리털 파카 젖어있었다 박음질 선을
기어 나온 오리털들이 마른 하천에 물 먹은
눈 뭉치들을 남겼다 컨테이너 골판의 마른 녹물과
녹의 돌기들 대상포진을 앓았다 왼편으로 돌려
잠근 레버 박스를 찢어 계량기 숫자를 적었다
바싹 마른 낙엽을 그러쥔 사람들이
등 뒤로 몰려와 막무가내
소문을 확인하려 들었다
대문 옆댕이 화단에 내몰린 낙엽들
바싹 마르면서 자잘한 부리로 자신의
옹이를 쪼았다 침을 흘리는 햇볕이
석축 옹벽에 스몄다
한 묶음으로 싸매둔 들국화 씨를 날렸다
북한강 물안개가 물러간 아침나절
비염이 괜찮아진 아내가 눈을 감고
잠깐씩 하늘을 나는 혼잣소리 들리었다

4부

꽃샘추위
– 홍매

 강냉이 뻥튀기를 오물거리는 입이 한나절은 실룩거렸겠다 수목원 주차장 등받이 벤치에 드러누워 잠이 든 노파의 실핑크 난 숨소리가 한갓지게 퍼져나갔겠다 절곡선 보도블록에 낀 풀들의 기억 둘레로 한 조각씩 퍼즐을 맞춘 헐렁한 그늘을 지우고 새들이 날아갔겠다 붉은 립스틱을 지운 노파의 입술이 벌어져 멈추지 않고 떨렸겠다 축령산(祝靈山)을 넘어간 태양이 산등성이 생나무 목책 안에 고리를 걸었겠다 어금니 백금이 잘게 씹은 침이 흘러내렸겠다 실룩거린 입에서 강냉이 뻥튀기 단내 나는 주문이 흘러나왔겠다 두 손으로 턱을 받친 노파가 얽은 홍매들을 압연과 압축의 배합으로 남겨두었겠다 밝은 안개가 낀 태양광 수목등(樹木燈)은 노파의 멈춘 폴더폰 진동을 지난날 홍매들에게 간추려 전해주었겠다

제라늄

해 뜨기 전에 일어나
오리털 침낭을 개킨 그가
고양이 세면을 하였다
담뱃불을 붙여 물고
커피포트 스위치를 눌렀다
안방에서 나온 개가
마른버짐 핀 볼을 핥고
MDF 좌탁 주위에 오줌을 지렸다
머그잔의 믹스커피를
중국산 과도로 저어 마셨다
바가지에 벗어놓은
틀니를 끼워 맞췄다
연탄불을 갈러 가는 그가
성에 낀 창문에 로트와일러
그림을 그렸다 중학교 때
어머니 담배를 꼬불쳐
연탄불에 붙여 물었다
동향의 창틀마다

화분이 놓였다

꽃은 시들고

열매는 없었다

마루기둥

노인은 영감의 무덤 주위를 뒤덮은
호박잎을 따 소쿠리에 차곡차곡 담았다
난봉꾼 아들이 들어온 한낮의 불볕이
집 안에 용무늬 화로를 피웠다 말매미 울음
왜송을 장악한 칡덩굴 지나간 꽃향기를 운구해왔다
뒤꼍의 꺽다리 겹삼잎국화
노란 꽃잎들 떨어진 자리
스티로폼 앉은뱅이 의자가 놓였다
고구마 줄기와 머위 대를 벗겨
너물*을 무치려던 참이었다
바싹 타들어간 오이 줄기에
희멀건 그물이 쳐졌다
노각들이 건들거렸다
까마귀와 까치가 파먹은
무른 토마토들 엇저녁
소나기 빗물이 졸았다
밥은 제때 먹고 다녀야는디
삼시세끼 챙겨줄 색시는

어디서라도 얻어와야는디
공고 나와 인천서 공장 댕기다 딸랑
고물차 한 대 끌고 내려온 아들
정 붙이려고 그러는디
노인은 가재수건으로 아들
얼굴에 맺힌 땀방울을 찍어 눌렀다
삐걱거리는 선풍기 바람 개량한복에
흰 머리가 많은 꽁지머리를 헤쳤다
어디다 내놔도 안타까운 내 새끼
불콰한 얼굴에 맺히는 땀방울
물 적신 가재수건으로 찍어냈다
노인은 뒤틀리고 틈이 많은
소나무 마루기둥에
뒤통수를 붙이고 눈을 감았다
젊은 시절 꽃밭에서 보았던 꽃무늬
왜바지 안 두 다리 뻗고 잠이 들었다

* 나물의 충청 방언

송덕리(松德里)*

더블캡 트럭을 따르는 카니발 창문을 내렸다
긴 머리 처녀 창문 밖으로 고개를 내밀었다
낙엽송 목책 너머 짓이겨진 젖소 똥들
낙엽송 목책 너머 짓이겨진 진흙 똥들
긴 머리 처녀 코를 막고 웃었다
낙엽송 목책 너머 젖소 주둥아리
청보릿대 씹어 침과 버무렸다

긴 머리 처녀 한 손으로 코를 잡고
한 손으로 이마를 짚고 웃었다
선글라스를 낀 청년 한 손으로
방울뱀 무늬 핸들커버를 잡고
한 손으로 콧등을 문지르며 웃었다

찔레꽃이 피어난 해 질 녘의 농로
배 과수원 젖소 우리를 지났다
들판 가운데 갈대 울타리를 두른
투망을 걷고 펴진 연못을 지났다

포도 밭둑에 올려놓은, 양은 양동이 찰랑이는
지하수에 뒤엉킨 햇살의 짧은 실핏줄들
미나리꽝에 처박힌 깨진 거울 조각들
기적 소리에 멀어진 하늘을 배웅했다

  *천안시 성환읍 소재

메꽃들의 낮

 대성리 폐주유소 근방에서 너를 만났다 그동안 쓰레기를 싣고 주저앉은 티코가 사라졌다 메타세쿼이아 꼭짓점에 붙은 태양이 가르쳐준 윙크하는 법이 떠올랐다 강 건너 너와 자주 가던 카페가 폐업했다 거기까지 다리를 놓는다는 소문이 부동산업자 입에서 부화했다 그동안 윗집 영감은 자식들 보기 민망해 곡기를 끊은 지 사흘 만에 무지개 다리 밑으로 떠났다

 대신 그의 손자들 셋이 연달아 명문대 법대에 합격했다 지금 그 손자들 호피 무늬 팬티바람에 리모컨 소파 쟁탈전을 벌린다는 소문이 돌았다 나도 가끔 나에게 엉기가 나는데 너는 오죽했겠는가 싶었다 무자식 상팔자를 위해 친자식을 살해한 부모 얘기가 진짜일 거라는 결론에 수긍했다 신축 도서관 앞 진입로 주변 가로수를 베는 인부가 두건으로 이마를 닦고 전자담배를 피우는 동안 토막 난 가로수가 복무에 지친 군인들이 타고 가는 주말 시외버스를 향해 굴렀다 너는 기숙학원 간판에서 지독한 결심을

짜내고 있었다 아직도 오십 년쯤 돼 보이는 가발을 쓰고 강의 겉물에게 윙크 받기에도 빠듯했다 공터에 버려진 가발에서 흰 머리가 뽑혀 나오고 신곡을 주입치 않은 노래방 기기가 해체돼 중국산 자석을 남겼다 화석이 되기 싫은 강물의 층층이 울음 대신 너울을 펴 칼국수를 급조해 배달했다 애호박이 연둣빛 휀스에 매달려 늙어갔다 손두부집 주방보조가 간수 빠진 소금을 내다버리고 저녁 손님 맞을 준비에 분주해지고 나는 너를 만나 소읍의 폐업한 전당포 앞을 서성였다 쥐똥이 나오던 옛날 자판기 앞에서 쥐 앞니를 뽑아내고 율무차를 홀짝거렸다 취중에 중이 되겠다는 말 한 마디에 108율무 염주를 만들어온 너를 만났다 네가 아니면 위로해줄 자 없는 너를 만났다

첫말 막힘

 대문 밖 대바구니에 모과가 담겼는데 엄지 검지로 눈두덩을 누르고 까진 식탁 둘레를 돌았다 대바구니에 모과를 담아 건너편 한옥 대문 밖에 가져다 놓은 사람 붉은 벽돌집 단풍 든 담쟁이 잎이 다 떨어지는 걸 지켜본 사람 유치원에서 아이를 데려올 그녀의 귀가를 기다리는 사람 아이의 손을 잡고 열쇠 꾸러미를 꺼내 든 그녀 무심코 담석이 든 모과의 존재를 알아챘겠다 정원의 보도블록에 잎을 깔고 정지한 은행나무 새집의 동그란 구멍들 깡소주를 자작하던 정원의 동그란 흰 주물 테이블 상처를 도려내 모과 청을 맹글 때 그녀의 무 무늬 앞치마에 식탁 유리 밑 아이들 재롱잔치 사진 코팅되어 따라붙었다 쌀독에 촛불을 켜고 불경을 듣던 옛날 엄마의 판박이 그녀 저절로 떨어질 때까지 냅두던 모과 한 그루 그는 모과의 속내를 내어 숨을 쉬었다 창문 액자로 걸린 모과가 담긴 대바구니 대문 밖에 놓인 사진 한 장 누가 놓고 갔는지 모를 대바구니 모과를 무작정 집에 들일 사람은 없겠다 화단의 노란 소국들 대문 밖 모과를 불러들이고 모과의 육신은 대바구니에 쌓여 이 골이 난 잠을 자겠다 그 한옥에 찾아가면 대바구니 아래 대문 열쇠가 잠들어있겠다 언제든 여섯 살배기 아이가 방에서 뛰쳐나와 붕 떠서 두 팔을 벌리고 한참을 앵겨들겠다

휘파람

 반농반어(半農半漁)의 아버지가 양식장 김을 뜯어온 대소쿠리 지게를 받쳐놓고 숨을 고르고 있겠다 아침나절 양지바른 산모롱이 소나무 가지에 얹힌 눈덩이들 가루를 날리고 있겠다 물이 빠지는 대소쿠리 지게를 지고 일어서는 아버지 짧은 입김 끙 소리 기합에 맞추어 눈 알갱이 굵어진 논배미 어디선가 바짓가랑이 터지는 소리 들리겠다 폭설에서 벗어난 풀들 젖은 말뚝 아래 이끼들 푸르스름 입술을 열고 생기를 찾았겠다 두 손을 모아 누군가를 불러내는 부엉이 우는 소리 창호지 문구멍으로 날아들겠다

목공방집

 달맞이 씨앗을 쪼러 온 참새가 떼를 지어 앉기와 날기를 거듭한다 등나무가 감고 올라간 잣나무와 달맞이 대 비스듬한 묵정밭을 오간다 전기 대패질을 끝낸 목공방집 남자가 반코팅 장갑과 토시를 벗어 뒤집는다 고욤나무 떡판 옹이에 내던진다 머리와 작업복 안전화에 달라붙은 대팻밥과 먼지를 에어건으로 불어 날린다 먼지의 미립자들 허공에 알을 슬어놓고 제 갈 길로 뿔뿔이 흩어진다 누레진 강아지 대팻밥 웅덩이에 몸을 말고 풍욕을 즐긴다 얼었던 땅의 융기와 침강을 따라 강아지 옆구리 부픔과 꺼짐이 이어진다 간신히 풍선을 불어 엄마에게 배꼽을 묶어달라 한 갈래머리 아이 목공방집 마당을 벗어나 내달린다

첨밀밀(恬蜜蜜)*

 오자미의 까만 콩들은 껍질이 벗겨지고 반쪽이 나서 흔들어보면 마른 갈대숲을 지나는 여자가 입은 야상 점퍼 재질의 감도를 느낄 수 있지만 바람이 채 간 그날의 샴푸 냄새는 따라잡을 방도가 없지 밀대를 빨아 인조잔디 구장을 닦기 시작하는 영상이 틀어지는 꿈속의 꿈을 멈출 수도 없지 계단 턱마다 몰린 꽃가루 솜털을 불면서 거울을 놓고 하늘을 보는 꿈을 이어 꾸었지 입술을 빼문 너의 사라진 보조개가 닥피 가득 한지벽지 무늬로 떠올랐지 비가 새는 천장 귀퉁이 숨구멍이 열리기 시작했지 라식수술을 한 네 코뼈에서 안경 받침 자국 나비 날개 화석이 사라질 때까지 유채꽃이 진 해변의 밤길 눈 감고 걸었지 선상카페 기울어진 의자에 앉아 폐선이었던 시절을 생각했지 파도의 페이지는 접히지 않았지 구멍으로 들이친 바닷물이 병나발을 부는 숨소리를 들었지 버드나무 아래 수문에서 점화된 봉화를 들고 떠난 봉송주자는 아직 반환점을 돌지 못했지 꿀을 빨고 돌아가는 파도의 입술마다 까만 콩을 담은 오자

미를 물려주었지 맨 등을 토닥이는 소리 짝짝이 신발이 쓸려와 해변에 묻혔지

  *등려군(鄧麗筠)의 노래

링

빵 모자를 목 밑으로 내리고 삼거리 커브의
가로등 아래 벤치 앞 맨땅을 다지는 그의
입김이 빵 모자에서 나와 얼어붙는다
통나무 구멍으로 기어들어 가 동면하는
불곰의 날숨이 통나무 구멍 밑으로 얼어붙는다
침낭이 펴진 벤치를 거실 소파로 바꾸는 주문
짬뽕 그릇 얼어 터진 국물과 면발에 랩을 씌워
뜨신 김 얼큰한 냄새를 가두는 주문 살얼음이 낄
정도로 급랭한 소주를 유리잔으로 옮기는 주문
파카 주머니 구멍이 주먹을 다 잡아먹었다 생으로
털이 뽑힌 거위 떼가 날개를 퍼덕이는 주문 제자리를
떠돌다 제자리를 쓸어 담아 초코 소라빵을 만들어 내는
회오리바람의 주문 배낭을 메고 소파에 펴진 침낭으로
들기 위해 털신을 펴 신는 주문 빵 모자에 흰 마스크를

씌운 주문 털 뽑힌 거위 떼가 도망친 도로에서 불어오는

바람을 등지고 외우는 주문 가로등 불을 끌어와

할로겐램프로 바꾸고 드라이기를 침낭에 켜놓는 주문

벤치 아래 고드름마다 고치의 주름을 잡아두는 주문

도꼬마리

통나무 더미에 장판 쪼가리 덮이고
돌과 시멘트 덩어리 깨진 기와들이
눌렀다 산 밑까지 이어진 와이어 줄에
체결한 도르래, 목줄을 결합한 흰 믹스견
소각로를 뒤졌다 엎드려 뻗은 왼 앞발에
재를 묻힌 주둥이를 올렸다

언덕 넘어 휘어져 사라진 시멘트 포장길
미세한 진동을 기다렸다 라이트가 꺼진
네발바이크에 오른 노인이 안전제일 헬멧을
착용했다 도꼬마리 씨가 작업복에 붙어왔다

아궁이 앞에 가랑이 벌리고 앉은
그의 작업복 등 야광 선 둘 한참때 눈보라가
지나간 지평선을 가로질렀다 그는 아직
그곳의 전장에서 혼잣말을 지껄였다 아궁이
건초 불티에게 도꼬마리를 떼어 나눠주었다
그림자들이 아궁이를 향해 달려들었다 그림자들

머리가 아궁이 앞에서 멈칫거렸다 한밤중 굴뚝은
화장한 연기로 강의 수면을 높였고 반점은 앙가슴에
새겨질 뻔한 닭 피 문신을 부각시켰다 손에 쥔 송곳은
허벅지 뼛속에서 벼려지는 거였다

촘촘한 양치질 거품 자국을 가진 거울만이
붉은 달이 뜬 한 쌍의 하늘을 소환할 수 있다
믿었다 여전히 항로가 겹치는 하늘을 나는
여객기 불빛들 아궁이로 딸려들기 위해
가스 떨어진 라이터 돌을 긁고 있었다

가로림만(加露林灣)*

 장화와 양말을 벗어 던진 남편이 주방으로 걸었다 냉장고 문을 열고 유리병 수수숭늉을 흔들어 마시었다 국숫물을 올리고 식탁 의자에 앉아 전봇대를 타고 오른 능소화를 바라보았다 트림을 하고 방귀를 뀌고 쟁반에 물병과 물컵을 챙겨 들었다 닫히지 않은 현관문을 팔꿈치로 밀고 나왔다 텃밭에서 수박과 참외를 따온 아내가 차양모자와 수건과 토시를 벗어 무릎에 대고 털었다 장화 속 흙 검불을 털어내었다 남편 양말을 뒤집어 마루기둥에 대고 털어내었다 때꼽 낀 손톱으로 탑세기**까지 떼어내었다 그러고는 차가운 물컵을 건네받아 단숨에 들이켜는 것이었다 얼굴의 화기를 물컵으로 문질러 빼내는 것이었다 수돗가에 떨어진 땡감들 부글거리는 숨을 쉬고 있었다 서로의 등골에 지하수를 뿌려준 부부는 평상에 앉아 열무국수를 비벼 먹었다 서로의 입에 수박과 참외를 밀어 넣었다 마주보고 별것도 아닌 얘기를 재미나게 하였다 차광막 해먹이 늘어진 감나무 아래 평상에서 잠이 들었다 고추밭에서 몰고 온 경운기 엔진 소리, 쥬브바 의자에 앉아 마주본 얼굴들 서둘러 피어난 코스모스들 웃음소리 코 고는 소리 새치기한 고동 소리 수평으로 이어졌다

*충남 태안군 소재
**먼지의 충청 방언

안경을 쓰자 세 개로 흩어진 반달이 뭉쳤다

꼬마빌딩 사이 골목길
당신이 밟고 들어간 식당 앞
살얼음 웅덩이 완성되었다
못대가리들 올라오고
데크 골에 낀 모래들 얼었다
허파꽈리들 흩어지고 있었다
당신 안에서 행방불명돼
죽은 지 오래인 남자들
발을 구르고 인조가죽
시곗줄이 트고 실밥이 터졌다
주먹의 소음기에 기침을 주입하는 동안
미끄러진 반달이 뒤통수 깨져
피가 솟았다 중년 남자 둘이서
얼마 안 남은 머리카락에 잡혀
끌려나왔다 음식물 쓰레기통에
머리 처박히고 하이힐과 팔꿈치로
조인트 까이고 등짝 찍혔다
무릎 꿇려 손들었다

나무뚜껑 반쪽이 접힌 여름날
끓는 기름 무쇠솥 시장통 말매미
울음을 튀겨냈다
남자들이 엎드려뻗쳐 자세로
손등에 하이힐 굽을 받아냈다
잃어버린 아이에게 한쪽 젖을
물린 정장차림 당신 반달이 뜬
새벽길 너무 오래 헤매 다녔다

골목 끝 창

 한 쌍의 율마 화분을 원탁과 덧댄 창턱에 옮겼지
 블루투스 스피커 건넌방의 거미줄 나이테를 팽창시켰지
 땅장미의 진딧물 물휴지로 닦아내고 희멀건 골목 끝 창
 맞은편의 아지랑이와 희어진 반 곱슬머리 엘살바도르 팬시 SHB
 연하게 내린 커피 보온병에서 식혀 마시던 사람을 생각하였지
 노란 별 스티커들 유리에 간 금을 따라 흘러갔지 대낮에 밖을 향해
 등 돌리고 돌아오는 사람을 기다렸지 등 뒤에서 끌어안는 품을
 견딜 수 없어 한 비닐을 친 골목 끝 창턱에 반 뼘 간격으로 선
 율마들 분신을 멈출 수 없었지 스티로폼 텃밭에 고추 모종을 심고
 당신이 돌아선 찰나에 흰나비가 앉았다 갔지 첫

꽃이 핀 줄도
 그 꽃잎들이 떨어지는 것도 지켜본 적 없었지 흰 티를 입은 연인이
 깍지 낀 손을 흔들며 골목 끝 자취방으로 날아가는 걸 지켜보았지

시한부

  그는 꽃망울이 맺힌 진달래 분을 뜨고 있었다 산촌에서 아내에게 보여줄 것이라곤 해의 동선밖에는 없었다 그는 혼전(婚前)부터 기억의 잔뿌리가 온전치 않음을 알았다 구옥을 수리한 살림집 마당 구석에 진달래를 옮겨 심었다 언젠가 꽃망울을 터트릴 진달래 수를 헤아리지 않았다 꽃잎이 아주 시들기 전에 새잎을 내밀 진달래였다 장마가 오기 전에 잎잎이 말라 죽을 진달래였다 그는 소나무 아래 잔뿌리 많은 진달래를 캐내었다 웬만해선 죽을 일 없다는 조경업자의 말을 믿기로 하였다 앞산의 딱따구리가 떼 제비로 오자미를 집어던져 한지 박이 터지는 봄날이었다 그는 담장 아래 묻어둔 유리병을 캐내었다 연배가 비등해진 아내가 따르는 두견주 술잔에 눈물을 감추었다 말 못 하겠는 사람 눈은 비벼지고 꽃잎들 뭉크러진 자리에서 환생하는 꿈을 꾸었다

|에필로그|
간드레

 아버지가 금광(金鑛)에 다닐 때 사용한 간드레가 내 방에 걸렸다. 면벽(面壁)을 할 때마다 간드레가 유년의 시간들을 밝혀주었다. 어느 순간 방안은 금광의 갱도로 변하고 나는 희뿌연 돌가루 속에서 금맥을 찾는 광부가 되었다. 아버지는 열두 살 때부터 금광에 다녔다고 했다. 그러니까 내 방에 걸린 간드레는 내가 태어나기 훨씬 전부터 아버지 손을 탄 것이다.
 어두컴컴한 방에서 줄담배를 피우던 아버지는 요강을 비워 방안에 밀어 넣고 쇠죽을 쑤기 시작했다. 생솔가지 타들어가는 소리와 매운 연기가 방으로 스며들었다. 안마당과 바깥마당을 오가는 아버지의 노랫소리가 들려왔다. '아아~ 으악새 슬피 우니 가을인가요. 지나친 그 세월이 나를 울립니다. 여울에 아롱 젖은 이지러진 조각달. 강물도 출렁출렁 목이 멥니다.' 간드렛불을 흔들며 광산에서 돌아오는 젊은 시절의 아버지와 만날 수 있었다. 주먹 하나로 입을 틀어막고 다른 주먹을 움켜쥔 아버지가 마른기침을 쏟아내고 있었다. 질끈 감은 눈 속에서 금가루가 흩어지고 있었다.

 아버지는 진폐증을 앓았다. 마른기침을 할 때마다 아버지의 얼굴은 짓무른 홍시 같았다. 마른기침이 잦아들면 아버지는 줄담배를 피워댔다. 담뱃불이 필터에서 똑 떨어질 때까지 피우고 그 불똥으로 담뱃불을 이어 붙였다. 부엌에는 훈제가 되어가는 돼지비계가 걸려 있었다. 쇠죽을 쑨 불씨를 긁어낸 아버지는 프라이팬에 고추장을 버무린 돼지비계를 볶고 있었다. 등을 돌리고 고추장을 버무린 돼지비계를 집어먹는 아버지의 깡마른 뒷모습을 지켜보았다. 아궁이로 다가가 '아버지 뭐 하세요?'라고 묻고 싶었다. 돼지비계 한 점 얻어먹고 싶었다. 하지만 입맛을 다시면서 말을 삼켜야 했다. 아버지는 대를 물려 진폐증을 앓고 있었다. 돼지비계 한 점 받아먹으면 나도 광산에 다녀야 하고 진폐증을 물려받아야 할 것 같았다. 나는 방으로 들어가 뜨뜻해진 방바닥에 등을 지지며 아버지처럼은 살지 않겠다, 다짐하고 있었다.

밥 뜸을 들이고 들어온 어머니는 밥상에서 벌레 먹은 콩을 골라냈다. 겨울에는 고무다라에 바지락을 담아와 윗목에서 깠다. 엄마가 시집왔을 때 산이란 산은 다 벌거숭이였지. 나무는 고사하고 솔걸(솔잎) 몇 개 줍기 위해 온 산을 뒤지고 다녔지. 이불이라도 제대로 있나 냉골에서 밤새 떨었지 뭐냐. 너는 한 번도 바닥에서 잔 적이 없을 겨. 할머니, 할아버지, 막내 고모가 너를 돌아가면서 품 안에 품고 잤으니께. 아버지, 엄마가 너를 빼앗긴 것 같아 얼마나 서운했는지 모를 겨. 네 아버지는 광산에 일하러 갈 때, 그리고 캄캄한 밤중에 돌아와 네 눈을 들여다봤다. 아버지에겐 네가 세상에 없는 사람이었던 것이지. 네 눈이 아버지에게는 금광이었던 게지.

 나는 어머니의 잔소리가 듣기 싫어 밖으로 나왔다. 으스스한 바깥마당 쪽마루에 앉아 13㎞를 달려오는 기적 소리를 들었다. 어서 지긋지긋한 집구석을 떠날 궁리를 하고 살았다. 아래 사랑방 대청마루 앞 사철나무에 올라가 가지 사이에 가랑이를 끼우고 앉아 나뭇가지를 흔들었다. 여기가 아니라면 어디라도 좋으니 나는 떠나고 싶었다. 아버지가 광산에 다니기 시작한 열두 살 때, 나는 친구와 공모해 무인도로 배를 저었다. 그다음은 서울 가는 기차를 탔다. 아버지는 일주일을 못 버티고 돌아온 나를 추궁하지 않았다. 헛간에 걸린 간드레를 가져오는 날에도 아버지는 웃으면서 잘 다녀오라고만 말했다. 여기저기 거처를 옮겨 다니며 사는 아들에게 아버지는 네 집은 여기니, 언제든 돌아올 집이 있으니 갑갑하게 살지 말라는 주문을 한 것이다.

그 옛날 아버지의 젊은 날과 함께한 간드레를 보면서 나는 내가 아버지의 금광이었음을 되새긴다. 아버지가 내 눈을 들여다보았듯 나는 내 글을 들여다보면서 한 사람의 독자를 상상한다. 이 금광은 내가 죽어서도 얼마간 폐광되지 않기를 바라는 마음이다. 나는 간드렛불을 켜 들고 몸속의 금맥을 따라 나아간다.

|해설|

오래된 시간 의식과 구원의 언어

홍용희

　이윤학 시집『나보다 더 오래 내게 다가온 사람』은 제목에서부터 배어나오듯이 오랜 시간의 주름이 숨 쉬고 있다. 그의 시 세계에서는 대부분 깊고 두터운 시간 의식이 느껴진다. 물론 이것은 시 세계 전반에 등장하는 대부분의 인물들이 오랜 연륜을 지닌 노인들이라는 점과 무관하지 않을 것이다. 그러나 시간의 깊이는 결코 자연 연령과 비례하는 것은 아니다. 근대의 일상성에서 삶의 과정은 텅 빈 질주처럼 공허하게 흐르기도 한다. 근대적 시간은 미래를 위해 과거와 현재를 도굴하는 특성을 지닌다. 과거는 사라진 시간이고 현재는 미래를 위해 헌납되는 시간이 되고 만다. 오직 부재하는 미래만이 강렬한 힘을 뿜어낸다. 그래서 근대적 삶은 미래를 향한 욕망이 주도한다. 미래를 위해 기획된 욕망, 기획된 목적, 기획된 자기실현이 현재적 삶을 관리한다. 그래서 인생이 덧없게 느껴지게 하는 경우가 많다.

이윤학의 이번 시집의 근간을 이루는 시 세계는 미래를 향해 복무하는 근대적 시간관과 대칭을 이룬다. 그의 시적 삶의 시간관은 과거를 향한 시간의식이 주조를 이룬다. 그래서 그에게 과거는 사멸한 시간이 아니라 현재의 부름에 응답하고 소생하는 경험된 현재이다. 특히 아름다운 과거는 기억 작용을 통해 현재와 미래의 길을 결정하는 나침반으로 작동한다. 그에게 꿈꾸는 미래란 그리운 과거의 반사체이다. 따라서 그리운 과거를 현재 속에 복원시키는 것이 과제가 된다. 그래서 메시아적 구원이 미래에 있는 것이 아니라 과거에 있는 것이 된다. 이러한 과거의 시간관은 미래에 도굴당했던 과거와 현재의 시간성을 풍요롭게 되살려낸다. 발터 벤야민이 '과거의 권리'와 그 '상속권의 문제'를 전통이라고 말한 배경도 이러한 과거가 지닌 메시아적 힘을 지적하는 논리였음은 주지의 사실이다. 추억할 과거가 있는 한 우리는 제각기 구원의 메시아적 힘을 내재하고 있는 것이다.

 다소 얘기가 장황해졌지만, 이윤학의 시적 삶은 바로 이러한 과거의 시간관을 기반으로 하고 있다. 그가 수도권의 삶을 멀리하고 경북 안동으로 거처를 옮긴 것도 이와 무관하지 않게 해석된다. 안동이란 어디인가? 태백산맥과 소백산맥이 서로 부딪히고 엇갈리면서 만들어진 유서 깊은 추로지향(鄒魯之鄕)의 땅이 아닌가. 그는 '과거의 권리'의 상속자가 되기를 스스로 자초한 것으로 보인다.

다음 시편은 그가 안동에서 향유하는 과거의 시간 의식을 진솔하게 보여준다.

쇠불알이 끓어올랐다
양은솥단지들 들썩거렸다
거품을 밀어내는 불심으로 경배를 드렸다
입을 살짝 가리고 피식피식 웃는 얼굴이 떠올랐다
눈이 떨어진 자리마다 김이 피어나고 눈이 내렸다
목장갑 낀 손이 내민 내장이 많이 든 순대 봉지 손잡이를 검지에 걸었다

적산가옥(敵産家屋) 여관에 들어가 함박눈 소주잔에 타 마시었다
네가 아니었으면 무슨 수로 반반씩 닮은 애들을 둘씩이나 놓았겠는가 말이다

미지근한 한지 장판 아랫목에 손을 드밀면
나는 안다 알고 있다 알고 있었다

모른 척 외면했기에 직면하는 날들을 겨우 견딜 수 있
었다

네 가슴은 거기서부터
내가 태워먹은 자리였다
네 가슴은 거기서부터
내가 근접 못할 아랫목이었다

살얼음이 낀 소주를 따라 마셨다
술병에도 술잔에도
떨어지지 않는 지문(指紋)이 찍혀 나왔다
─「옛날 북문시장에 갔다」 전문

"옛날 북문시장", 안동 구시장을 배경으로 한 서사적 개진이다. "눈" 날리는 어느 겨울날, 오래된 시장 거리에 "양은솥단지들"이 들썩거린다. "양은솥단지"는 오랜 세월 동안 수많은 고기를 삶아 내었으리라. 그래서 모든 과정이 난숙하다. "쇠불알이 끓어"오른다. "거품이" "불심"(불의 열기)에 연신 몸을 뒤채이며 주변으로 부서진다. 끓어오르는 솥단지에 눈이 떨어져 날린다. 떨어진 눈은 바로 허연 "김"으로 변하여 다시 허공으로 올라간다.

2연부터 시적 배경은 "적산가옥 여관"으로 바뀐다. "적산가옥" 또한 왜정 때부터 살아온 오래된 풍경의 표상이다. 흩날리던 눈이 "함박눈"으로 바뀌어 쌓인다. "소주잔"을 기울인다. "소주잔"은 화자 자신의 애잔한 삶의 내력을 환기시킨다. "네가 아니었으면 무슨 수로 반반씩 닮은 애들을 둘씩이나 놓았겠는가". 자식을 낳고 살았던 세월이 문득 눈앞에 다가선다. "모른 척 외면했기에 직면하는 날들을 겨우 견딜 수 있었다" "모른 척 외면"했지만 "직면하는" 애틋한 날들이 적지 않았던 것이다. "반반씩 닮은 애들을 둘씩이나 놓"았던 추억이 현재 속의 부름을 기다리는 시간으로 내재하고 있는 것이다. "소주잔"이 불러온 무의지적 기억의 세계이다. "내가 태워먹은" "네 가슴"에 대한 회한이 짙어진다. 시간이 흐르면서 소주병에 "살얼음이" 끼어간다. "술병에도 술잔에도" "지문"이 찍혀 나온다. 내 삶의 내력이 쩍쩍 얼어붙어 현재 속에 표식을 만든다. 구원을 기다리는 은밀한 과거의 현재화인 것이다. 안동의 "북문시장" "소주" "함박눈" 등이 어우러지면서 문득 재현된 과거의 시간이다. 시상의 전반이 무채색의 차가운 겨울이지만 지난 시절의 기억이 전면화되면서 시적 분위기에 더운 온기가 스며들고 있다.

이와 같은 과거의 기억의 메시아적 존재성은 다음 시편에서 거듭 선명하게 확인된다.

애완견이 사력을 다해 멈추지 않고 짖더니 누가 아침을 챙겨줬는지 심난하게 비닐이 뜯긴 하우스 바닥에 몸을 말고 눈을 붙였다 밤새 술시중을 들던 마누라가 죽자 영감은 손수 미음을 끓여 채반에 받쳐 들고 방문을 열었다 압축팩에 넣어 급랭한 고추장 양념이 살아 있는 굽은 뱅어포를 뜯어 오물거렸다 코딱지를 후벼파다 벼룩신문에 대고 코를 풀기를 반복했다 군둥내가 퍼진 골방 안 골마지가 낀 노인의 눈이 벼름박 가족사진 액자를 희뿌옇게 훑었다 이럴 줄 알았음 조금 잘해줄 것을 이렇게 훌쩍 떠날 줄 누가 알았어야지 누군들 이렇게 살기를 원치 않았을 것이야 죽기 전 마누라가 이복동생이 사는 친정에 다녀와 심은 나리와 백합이 한창이었다 꽃밭 위 토담에 뚫린 벌구멍이 후텁지근한 공기를 뱉고 향기를 흡입했다 바싹 마른 시래기들이 볼멘소리를 웅성거렸다 저 마룻바닥 평상에 홀짝 파인 등을 대고 한나절 향기를 맡았음 오죽이나 좋아 새끼손가락이 저은 대폿잔을 입에 댄 영감이 복(福)자 바닥을 드러냈다
-「나리와 백합」 전문

시적 캔버스가 온통 침울하고 어둡다. 다만 한쪽 편에 "나리와 백합"이 환한 빛을 머금고 있다. 현재적 삶의 주변은 모두 비관적이지만 그러나 "나리와 백합"이 지등 같은 빛을 반사시키고 있다. "나리와 백합"이 "영감"의 오늘과 내일의 삶을 지켜주는 내적 구원이다. "나리와 백합"은 죽은 아내에 대한 추억의 표상이다. "나리와 백합"이 "후덥지근한 공기를 뱉어"내고 흡입하는 "향기"는 죽은 아내의 기억의 잔상으로 해석된다. 영감은 "밤새" 자신의 "술시중을" 들던 아내를 떠올리며 "이럴 줄 알았음 조금 잘해줄 것을 이렇게 훌쩍 떠날 줄 누가 알았어야지"라고 혼자 중얼거린다. 이러한 아내에 대한 간곡한 그리움과 회한은 "나리와 백합"의 빛깔과 향기를 더욱 강렬하게 진동하게 하는 동력이 되고 있다. 아내가 부재를 통해 현존하는 형국이다. 과거가 현재 속에 되살아나고 있다.

 이 점은 발터 벤야민이 개념화한 비가적 행복을 연상시키는 대목과 상응한다. 발터 벤야민은 행복의 변증법의 이중적인 면에서 언급한 송가적 행복과 비가적 행복을 제시한다. 전자는 지금까지 한 번도 들어보지도 못하고 또 지금까지 한 번도 존재하지도 않았던 것, 즉 열락의 절정에 해당한다. 반면에 후자는 원천적인 최초의 행복을 영속적으로 복원하려는 영원히 거듭되는 새로운 반복을 가리킨다. 실제로 인간 삶에서 행복은 전자보다 과거의 기억을 영속적으로 복원하여 영원히 반복적으로 되새기고자 하는 경우가 대부분이다.

이윤학 시편에서 이와 같은 비가적 행복에 해당하는 과거의 비중이 클수록 시상의 전반적 정조는 밝아진다. 다음 시편은 이 점을 구체적으로 보여준다.

개량종 밤나무에 걸쳐 펴진 알루미늄 사다리를 그는 지나쳤다 우거진 풀숲을 헤치고 석축 옹벽 앞에 다다라 예초기 시동을 걸었다 두툼한 풀들이 눕고 폐가전제품들이 드러났다 칼날에 자갈이 튀고 비닐과 플라스틱류 스티로폼 알갱이들이 날았다 추석 전날이면 전용 칼로 밤을 치던 아버지 줄담배를 물었다

누나를 조수로 둔 어머니 사랑방 아궁이 앞에서 철질을 하였다 그날은 자물쇠 채워진 자바라 TV를 보았다 아름다운 동산에 딸린 집과 우물과 밤나무와 토끼풀과 얼마 전에 뗏장을 입은 산소가 있었다 아버지가 율피를 어질러놓으면 어머니는 항아리에 담아 율피 효소를 만들었다 들판에 탈곡기 소리 멈추고 풍성한 갈대꽃 하천 부지가 보이는 대청에 앉아 율피차를 마셨다 이웃집 늙

은 호박을 아버지 전용 칼로 오리고 똥을 한 바가지 싸다 들켜 혼짝이 난 날도 그리하였다 중국에서 돌아온 그는 모텔방 바닥에 앉아 밤을 쳤다 드라이기로 말린 율피와 보온병 다기 세트와 풍성한 갈대꽃 하천부지가 보이는 돗자리를 준비했다 결혼한 아들 내외와 부모님과 율피차를 마시고 싶었다 그는 그곳의 나무를 다 잡아먹은 칡넝쿨과 등 넝쿨을 잡고서야 알았다 부모님 산소는 전원주택지 석축 옹벽과 한참 떨어져 있었다 발효를 건너뛴 율피차 떨떠름하여 하늘에 눈물만 그득하였다

-「율피」일부

"율피"에 대한 기억이 지금, 여기를 끌고 온 동력이다. 시적 화자는 부모님 산소에 벌초를 하러 왔다. 그러나 정작 산소를 제대로 찾지 못한다. 어림짐작으로 전원주택 "석축 옹벽 앞" 언저리에서부터 "예초기 시동을" 걸었다. "예초기 시동" 소리는 어느새 밝은 기억 속으로 안내한다. "추석 전날이면 전용 칼로 밤을 치던 아버지", "아궁이 앞에서 철질을" 하거나 "율피 효소를" 만드는 어머니, "대청에 앉아 율피차를 마셨던" 풍경 등이 현재를 등불처럼 밝히고 있다. 시적 화자는 "중국에서 돌아"와 "모텔방 바닥에"서 "밤을" 친다. 과거의 추억이 현재 속에

서 재현되고 있다. 과거의 현재적 소생이다. 어느새 "부모님 산소"도 제대로 찾을 수 있게 된다. 과거가 현재 속에 발휘하는 주술력이다.

 그렇다면, 과거의 시간의식을 해방시키지 못하는 현재는 어떤 시적 양상을 드러낼까? 그것은 비관적인 침울의 연속일 뿐이다. 구원이 없는 닫힌 현재인 것이다.

 수없이 생선 목을 친 대가로 목이 점점 돌아갔다는 남자 일에만 매달려 옆을 살피질 못했다네 부인이 생선가게를 나간 남자 여전히 리어카를 끌고 새벽시장에 다녀오는 남자 어디를 봐도 앞이 되지 않는 남자 어디에 앉든 안심이 되지 않는 남자 고무 앞치마 끈을 벗어놓은 남자는 생선 대가리와 내장과 지느러미를 긁어모은 양재기를 뒤뜰로 가져간다네 벽돌에 걸쳐놓은 양은솥에 쏟아붓는다네 생선잡탕 배불리 먹인 떠돌이 개와 고양이를 데리고 곤한 잠에 빠져든다네 그 남자 숨소리 코골이 소리 요란한 가게에 딸린 단칸방에 켜진 전기장판 온도조절기 붉은빛 세상의 중심에 점 찍고 냉골과 교전 중이라네 후회막급한 바람이 걸어 잠근 가게 문을 흔들어도 그는 곤한 잠에 빠져 미동하지 않는다네 양버즘나무 그림자 가게 기둥에 걸린 비닐봉지를 뜯어내는 시늉도 스티로폼 앉은뱅이 의자에 철퍼덕 앉은 예전 부인의 모습도 보지 못한다네 헛것들 나무 도마에 비닐장갑 똑바로 벗어놓고 일찌감치 돌아간다네
　　　　　－「힘줄이 드러난 전기장판」 전문

　생선 장수 "남자"의 고단하고 신산한 일상의 서사이다. 시간적 질서에 따라 전개된 서사 구조의 어디에도 구원의 숨결이 소통하지 못하고 있다. 그의 일상은 과거－현재－미래가 동일하다. 다만 미래에는 지금까지 "수없이 생선 목을 친 대가로" 점점 돌아간 "목"이 좀 더 돌아갈 뿐일 것이다. "어디를 봐도 앞이 되지 않는 남자"이다. 물론 이것은 더 나은 뒤, 즉 과거 또한 없다는 것을 가리킨다. "부인이 생선가게"를 나가고 말았지만 그 "부인"에 대한 추억도 딱히 없다. 그래서 "스티로폼 앉은뱅이 의자에 철퍼덕 앉은 예전 부인의 모습도" 보이지 않는다. 그의 일상에서는 복원해야 할 추억의 시간이 내재되어 있지 않다. 오히려 과거는 원망의 대상으로 보인다. 그래서 "수없이 생선 목을" 치고 "생선 대가리와 내장과 지느러미를 긁어모"아 "생선잡탕"을 끓여 개와 고양이를 먹이고 함께 잠을 자는 과정의 반복만이 있다. 음울한 회색에 회색을 덧칠하는 과정만이 있

을 따름이다.

  그러나 시상의 어디에도 비관적 감정의 과잉 분출이 노정되지 않고 있다. 시적 화자는 사건 속의 일부이기를 거부한다. 그는 외재적인 정황을 충실히 반사하는 데 집중한다. 관찰자적인 관조의 거리를 견지함으로써 감각기관의 인식력을 높이고 있는 것이다. 이러한 관찰자적 거리는 그의 이번 시집의 기조를 이룬다. 다음 시편은 그 하나의 사례로서, "얼음이 봉합한 흙탕물 웅덩이들"과 같은 비관적 상황에서도 유지하는 관조적 거리를 보여준다.

얼음이 봉합한 흙탕물 웅덩이들
참붕어 몇 마리 몸을 뒤집지 못하고
희뿌옇게 누워 성에 낀 유리창 너머
붉은 눈으로 태양을 바라보는 흙탕물 웅덩이
눈발이 떨어져 미끄러지는 흙탕물 웅덩이

  (중략)

파헤친 연못은 사산한 여자의 자궁이었다
진흙탕 웅덩이 얼음에 갇힌 황소개구리들
여름 한낮, 검불로 얼굴을 가린 여자

우사(牛舍) 왕겨더미에 퍼질러 앉았다

　　　　　　　－「흙탕물 웅덩이」일부

"흙탕물 웅덩이"가 "얼음"으로 "봉합"되어 있다. 시간의 변화가 스며들 여지가 없는 무시간성의 응결체이다. 여기에는 과거-현재-미래가 모두 닫혀 있다. "참붕어 몇 마리" 몸을 뒤집지 못한다. "웅덩이"는 움직이고 출렁거리는 것이 "웅덩이"의 실재이다. 그러나 "웅덩이" 자체가 곧 태양을 바라보는 "붉은 눈"처럼 고정된 실체가 되어 있다. 그 이유는 무엇일까. "파헤친 연못의 웅덩이"가 "사산한 여자의 자궁"이기 때문이다. "검불로 얼굴을 가린 여자"의 "퍼질러 앉"은 "여름 한낮"이 기억의 장면이다. 절망과 비애의 극단이다. 복원하고자 하는 과거의 시간과는 거리가 멀다. 그래서 현재도 미래도 닫혀 있는 형국이다.

　한편, 시상의 전반이 비극의 극한을 다루고 있지만 관찰자 시점의 냉엄한 관조의 거리를 유지하고 있음을 볼 수 있다. 관조적 거리는 대상의 관찰, 간파(prehension)의 의식작용을 배가시킨다. 그리하여 관조는 대상의 성격, 명암, 음향, 생기 등에 대한 미적 지각양태를 감지하기에 용이하다. 시적 화자의 마음의 감응을 절제함으로써 시적 대상 자체의 감각적 인식을 확대하고 있는 것이다. 그래서 그의 시적 양식은 외부세계를 주관화(세계의 자아화)하는 서정적 구조보다 서사적 구조에 가까워진다. 그의 이번 시집이 대부분 서사적 구조로 전개되는 주된 이유가 여기에 있다. 특히 그의 서사적 구조의 서술 기법은 감정이입을 최대한 배제하면서도 흥미와 놀라움을 불러일으키는 방법을 구사한다. 시적 대상에 자신의 감정을 이입하는 대신 정황 묘사에 치중한다. 시적 긴장을 조성하기보다는 이완된 상태에서 사건의 진행과정을 쫓아오도록 유도하고 있는 것이다. 이렇게 보면, 이윤학의 시편들은 관조의 미적 거리에 경험적 자아와 시적 자아(창조적 자아)를 분리하는 서사적 기법이 더해지면서 익명의 3인칭 존재자의 사실성을 최대한 살려내고 있는 것으로 해석된다. 그의 이번 시집 전반이 3인칭 존재자의 사실적 서사를 효율적으로 보여주고 있는 배경이 여기에 있다.

지금까지, 이윤학의 시 세계에 대해 깊고 두터운 시간의식과 관조적 거리를 통한 서사구조의 방법론적 특이성에 대해 살펴보았다. 다음 시편은 이러한 특이성을 견지하는 그의 시적 성향과 체질을 선명하게 보여준다는 점에서 주목된다.

얇은 비닐의 상추를 꺼내 쌈을 싸 먹는 꿈을 꾸었지 서로의 입을 틀어막는 상상을 하였지 우리는 최대한 덜 어지러운 보폭으로 걸었지 연탄난로 녹슨 연통 고드름을 깨물었지 우리는 희뿌연 연기 피어오르는 하우스 젖은 구두 양말을 갈아 신고 걸었지

우리는 봄이 오기 전 졸라맨 하우스 폴대 서로의 갈빗대 안에 숨어 살았지 풋풋한 상추를 상상하였지 우리는 무녀리 개를 앞세우고 얼굴까지 덮이는 비닐봉투 인큐베이터, 각자의 쌕에 넣어 다녔지

그해 겨울, 우리는 하우스 단지를 떠돌았지 봄 상추밭으로 걸었지 우리의 입은 돌아가지 않았지 모종보다 심하게 떨리는 연약한 몸이었지 병든 모종을 솎아 짠 녹즙을 마시고 우리는 봄 상추밭으로 걸었지

―「우리는 봄 상추밭으로 걸었지」 일부

"상추의 상상력"이다. 일반적으로 "서로의 갈빗대 안에 숨어" 사는 사랑은 뜨겁고 선열한 이미지로 표상된다. 그러나 여기에서는 "상추"의 빛깔과 감각으로 표상되고 있다. 그래서 시적 감성이 자극적이기보다는 심심하고 평명하다. 특히 "상추를 꺼내 쌈을 싸 먹는 꿈을" 꾸었다고 하지 않는가. 자극적이고 충동적이고 일탈적인 속성의 사랑의 열도와는 거리

가 멀다. 시적 화자의 자신의 내적 표백에서도 달뜬 어조나 감각은 찾아보기 어렵다. 감정이입이나 줄거리의 전개보다 상황을 드러내는 데 집중하고 있다. 시적 화자 자신의 내적 세계까지도 관찰자적인 관조의 거리를 유지하고 있는 것이다. 그리하여 과거의 상황이 정지된 이미지가 아니라 있는 그대로 현재와 교감하는 서사적 상황을 효율적으로 끌어내고 있다.

이러한 정황은 이윤학의 중년의 연륜과도 연관된 것으로 보인다. 중년의 원숙함은 절박한 사건까지도 어느 정도 거리를 두고 관조할 수 있는 내적 힘이 되기도 하기 때문이다. 이러한 그의 관조적 서사의 미의식은 창작 방법론이면서 동시에 그가 추구하는 열린 주제의식으로 이해된다. 그는 과거의 시간관에 입각한 서사적 개진을 통해 자신과 자신의 주변 삶의 진경을 체험적 동질성의 언어로 반사하고 있는 것이다. 따라서 그의 시 세계를 따라가면 다채로운 인생론의 깊이를 감득하게 되면서, 또한 현재 속에 복원되지 못하는 회억들을 통해 현재적 삶의 결핍을 환기하게 되기도 한다. 그래서 그의 시 세계는 인생론의 사실적 서사이면서 간곡한 구원의 노래라고 할 것이다.

간드레 시 01

나보다 더 오래 내게 다가온 사람

초판발행 2021년 4월 28일

지 은 이 이윤학
펴 낸 이 이윤학
책임편집 성민주
펴 낸 곳 간드레

출판등록 제144호(2019년 6월 3일)
주　　소 안동시 도산면 영양게길 83-10
편 집 실 서울시 서초구 서초중앙로 95, 거북빌딩 5층
전　　화 02)588-7245
메　　일 candleprint@naver.com

ISBN 979-11-971559-1-8 04810
　　　　 979-11-971559-0-1 (세트)

ⓒ이윤학, 2021, printed in Andong, Korea

이 책의 판권은 지은이와 간드레에 있습니다.
양측의 서면 동의 없는 무단 전제 및 복제를 금합니다.
잘못된 책은 바꾸어드립니다.

이 도서는 2020년 아르코문학창작기금 지원사업에
선정되어 발간된 작품입니다.